CDつき 絵で学ぶ 小学生の英語レッスン

ABCから英会話まで

監修／鴻巣彩子

成美堂出版

# 目次

英単語

- アルファベット
  The Alphabet……6
- 色
  Colors……8
- 数字 1
  Numbers……10
- くだもの
  Fruits……12
- 食べ物
  Foods……14
- 体
  Body……18
- 動物
  Animals……20
- 生き物
  Living Things……24
- 海の生き物
  Marine Life……26
- 動作
  Action……28
- スポーツ
  Sports……30
- 曜日
  The Days of the Week……34
- 衣服
  Clothes……36
- 数字 2
  Numbers……38

- 形
  Shapes……42
- 12か月と季節
  Months and Seasons……44
- 1か月
  One Month……48
- 天気
  Weather……50
- 家族
  Family……52
- 家
  House……54
- 反対語
  Opposite Words……56
- 教室
  School……58
- 教科
  Subjects……60
- 建物
  Buildings……62
- 国の名前
  Countries……64
- 職業
  Jobs……66
- 大文字と小文字
  Capital Letters and Small Letters……70
- 復習クイズ……72

## 英会話

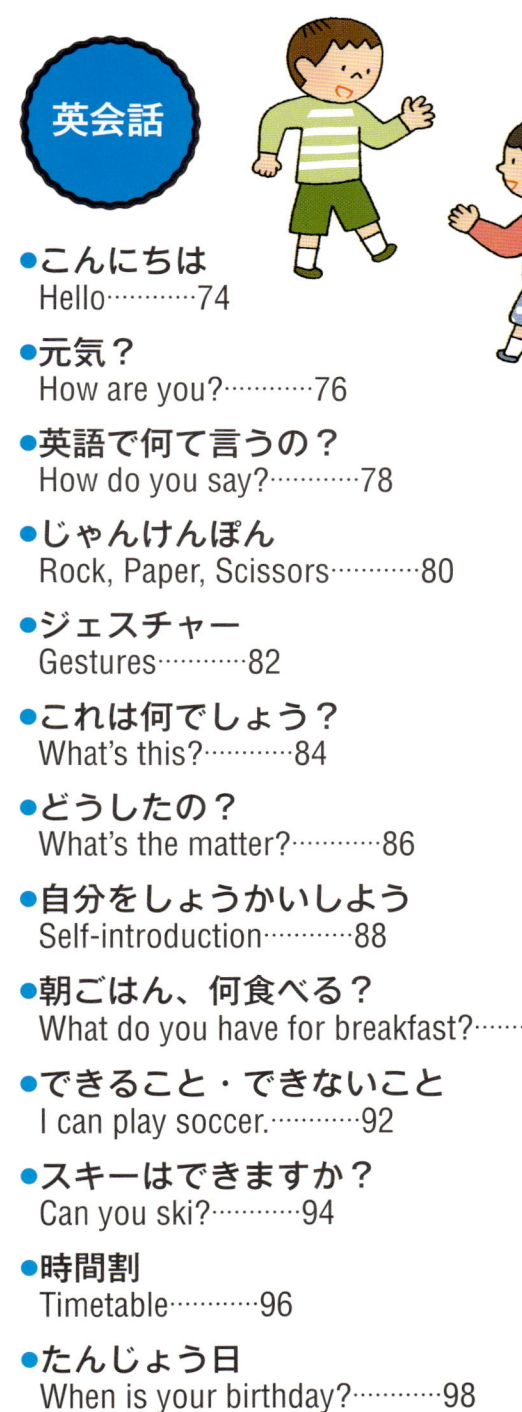

- こんにちは
  Hello ……… 74
- 元気？
  How are you? ……… 76
- 英語で何て言うの？
  How do you say? ……… 78
- じゃんけんぽん
  Rock, Paper, Scissors ……… 80
- ジェスチャー
  Gestures ……… 82
- これは何でしょう？
  What's this? ……… 84
- どうしたの？
  What's the matter? ……… 86
- 自分をしょうかいしよう
  Self-introduction ……… 88
- 朝ごはん、何食べる？
  What do you have for breakfast? ……… 90
- できること・できないこと
  I can play soccer. ……… 92
- スキーはできますか？
  Can you ski? ……… 94
- 時間割
  Timetable ……… 96
- たんじょう日
  When is your birthday? ……… 98
- 買い物へ行こう！ 1
  Let's go shopping! ……… 100
- 買い物へ行こう！ 2
  Let's go shopping! ……… 102
- 何が食べたい？
  What would you like? ……… 104
- いま何時？
  What time is it now? ……… 106
- 朝
  Morning ……… 108
- 昼間
  Daytime ……… 110
- 夕方と夜
  Evening and Night ……… 112
- どこに行くの？
  Where are you going? ……… 114
- 道案内をしよう！
  Directions ……… 116
- 行ってみたい国
  Where do you want to go? ……… 118

英単語さくいん ……… 120

さくいん ……… 124

# この本の使い方

この本では、日常生活でよく使う英語の単語と会話表現をしょうかいしています。単語のページの中には、単語を覚えるきっかけとなるような、かんたんな会話も入っています。英語をしっかり勉強するというよりも、まずは楽しみながら英語に親しんでみてください。

このマークは、「付属のCDを聴きながら、読んだり、発音したりしましょう」という意味です。マークの真ん中の数字は、CDのトラック番号を表しています。アルファベットが読めなくても、トラック番号に合わせて、単語・会話の横に付いている数字を追ってCDを聴いてみましょう。

この本では、アルファベットの読み方をカタカナで表していません。英語には、カタカナで表現しきれない、さまざまな発音があるためです。CDをくり返し聴いて、どんなふうに発音しているか確認しましょう。

ステップアップには、英語の単語や会話をより深く知ってもらうための、発てん的な内容を入れています。また、ちょっと知っておきたい説明的な内容は、「おうちの方へ」としてまとめました。ページのいちばん下には、関連する単語や会話のページを入れてありますので、参考にしてみてください。

- この本の英語の単語は、絵が複数（2つ以上のとき）でも、単数（1つだけのとき）の表現をしょうかいしています（French friesのように複数で表すことがほとんどの場合は、のぞく）。ただし、英語の会話などで複数形にする可能性の高いものについては、120～123ページのさくいんでしょうかいしていますので、参考にしてください。
- 日本語を英語で表記する場合には、15ページに出てくる「*tofu*」のようにイタリック体（文字がななめになっている書体）にしています。
- 47ページのautumn / fallのように、どちらの表現もするときは、/（スラッシュ）で区切って表しています。

英語といっても、アメリカとイギリスでは、ちがう言い方をする単語もあります。この本では、基本的にアメリカで使われている英語表現を使っています。

# 英単語

身近な言葉を英語で言ってみましょう。食べ物、動物、スポーツ、数字や曜日などをしょうかいしていきますので、CDをききながら、英語の発音に親しんでみてください。身の回りの物・ことが英語でパッと出てきたらすごいですね。

# アルファベット
## ▶ The Alphabet

アルファベットの「ABCDEFG……」は、英語を学んでいくときの基本になります。CDをききながら、AからZまでを発音してみましょう。

**CD 01** CDをききながら言ってみよう！

アルファベットには大文字と小文字があります。くわしくは、70～71ページの［大文字と小文字］を見てください。

アルファベット ▶ The Alphabet

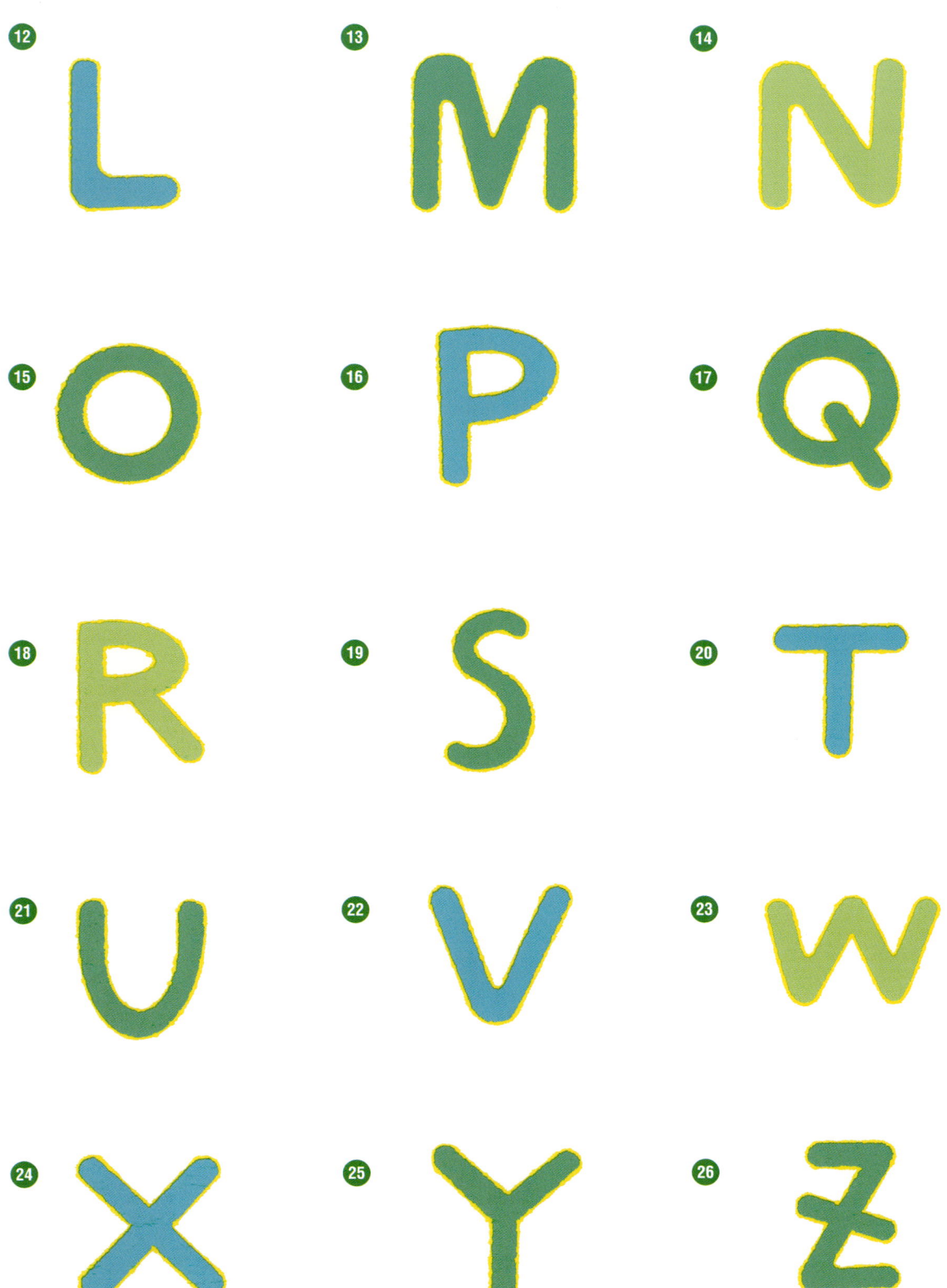

# 色
## ▶Colors

身の回りには、いろいろな「色」がありますが、ここでは、色の名前を英語で覚えていきましょう。知っている名前がいくつありましたか？

CD "02" CDをききながら言ってみよう！

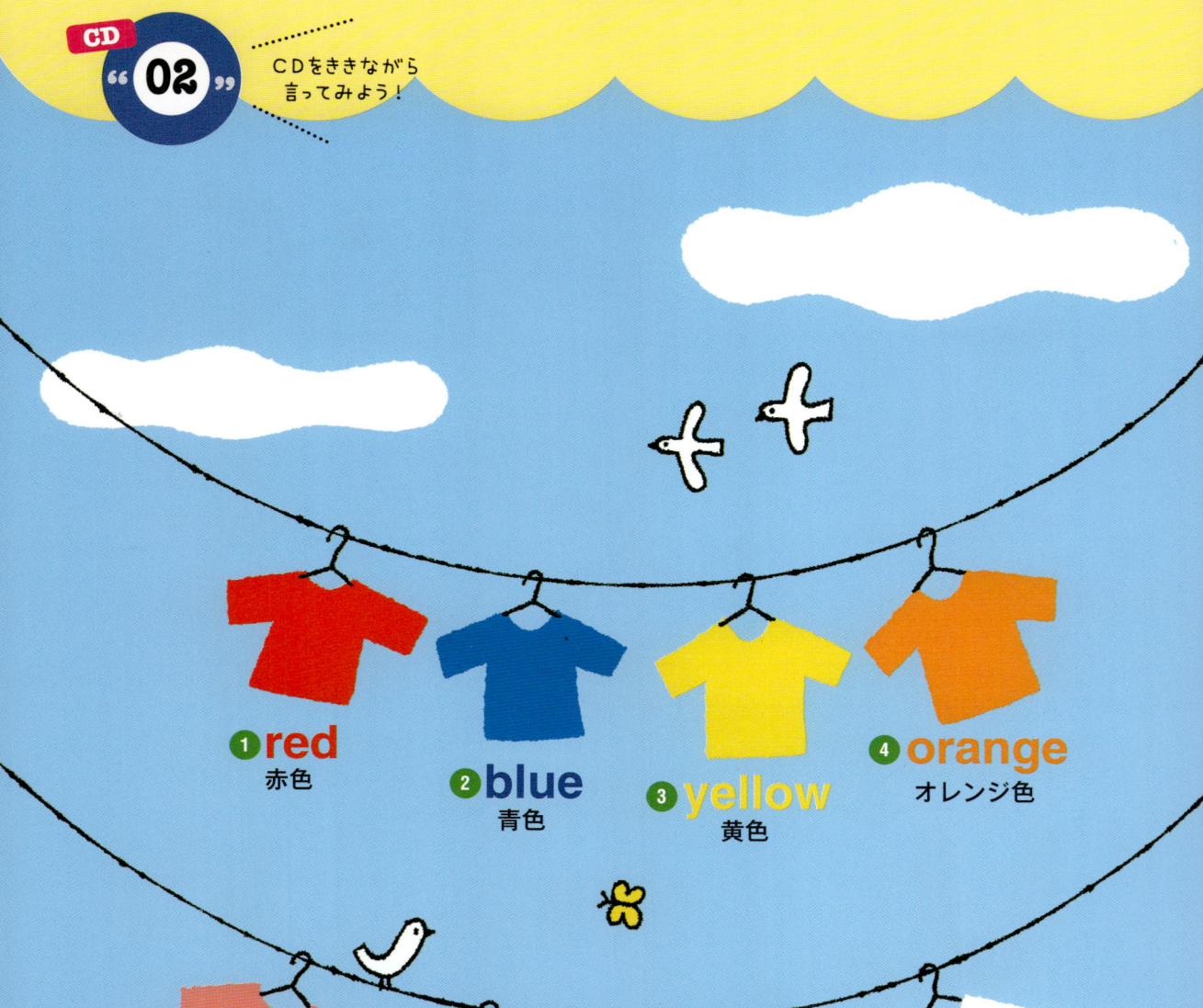

1. **red** 赤色
2. **blue** 青色
3. **yellow** 黄色
4. **orange** オレンジ色
5. **pink** ピンク色
6. **green** 緑色
7. **black** 黒
8. **white** 白

［色］の英単語は、37ページ、101ページのステップアップでも活用できます。

色 ▶ Colors

## いろいろな「色」をもっと言ってみよう！

1つ1つの色と、混ぜたときの色を考えてみよう。

### 1 いろいろな「色」の英単語

❶ **brown**
茶色

❷ **light blue**
水色

❸ **yellowish green**
黄緑色

❹ **gold**
金色

❺ **silver**
銀色

❻ **violet**
スミレ色

### 2 色と色を混ぜると何色になるかな？

❼ **Red and yellow is orange.**
赤色と黄色で、オレンジ色。

  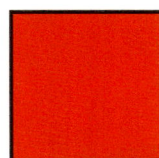  

❽ **Blue and red is purple.**
青色と赤色で、むらさき色。

  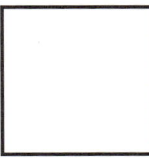  

❾ **Black and white is gray.**
黒と白で、ネズミ色。

**おうちの方へ** 例題にあげた3つの色のうち、1つをかくすなどして、あなうめ問題としても使っていただけます。このほかにも、「white と red を混ぜると何色？」など、いろいろな問題を作ってみましょう。

# 数字 1
## ▶Numbers

ここでは、1～20の数字の言い方を覚えていきます。消しゴムやえんぴつなど、身近にある物を使って、友だちどうしで数あてクイズをしてみると、楽しく数字を覚えられるでしょう。

CD 04 CDをききながら言ってみよう！

1. How many buttons?
ボタンはいくつ？

2. Thirteen!
13!

3. How many pencils?
えんぴつはいくつ？

4. Five!
5!

数字 1 ▶ Numbers

 1～20の数字を覚えよう！

**CD 05**

| ❶ one | | ⓫ eleven | |
| --- | --- | --- | --- |
| ❷ two | | ⓬ twelve | |
| ❸ three | | ⓭ thirteen | |
| ❹ four | | ⓮ fourteen | |
| ❺ five | | ⓯ fifteen | |
| ❻ six | | ⓰ sixteen | |
| ❼ seven | | ⓱ seventeen | |
| ❽ eight | | ⓲ eighteen | |
| ❾ nine | | ⓳ nineteen | |
| ❿ ten | | ⓴ twenty | |

21～100の数字は、39～41ページを見てください。

# くだもの
▶ **Fruits**

CD "06"
CDをききながら言ってみよう！

ふだん食べているくだものの名前には、英語がもとになった言葉がたくさんあります。ここでは、くだものが1つだけのときの言い方をしょうかいしています（2つ以上は、言い方が変わります）。まず、1つの場合を覚えていきましょう。

❶ **apple**
リンゴ

❷ **banana**
バナナ

❸ **kiwi fruit**
キウイ

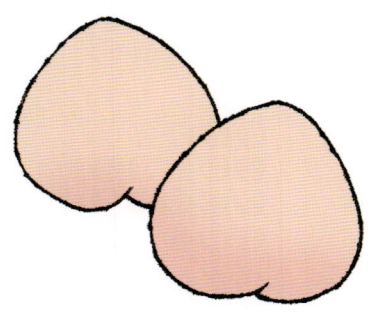
❹ **peach**
モモ

❺ **melon**
メロン

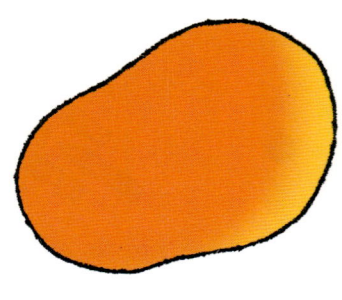
❻ **mango**
マンゴー

［くだもの］の英単語は、88〜89ページ、90〜91ページ、104〜105ページでも活用できます。

くだもの ▶ Fruits

**⑦ grapefruit**
グレープフルーツ

**⑧ pineapple**
パイナップル

**⑨ grape**
ブドウ

**⑩ strawberry**
イチゴ

**⑪ cherry**
サクランボ

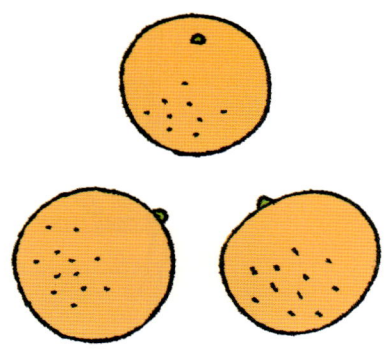

**⑫ orange**
オレンジ

⚠ 「grape」はブドウ1つぶのことで、「grapes」はブドウ1ふさのことです。

くだものの2つ以上の言い方は、120〜123ページの［英単語さくいん］を参考にしてください。

# 食べ物
## ▶ Foods

ここでは、スーパーマーケットで見かける食材や、料理をしょうかいしていきます。英語と同じ言い方をする食べ物もよくありますが、CDをききながら、英語の発音を覚えましょう。

CDをききながら言ってみよう！ CD 07

1. **vegetable** 野菜
2. **potato** じゃがいも
3. **tomato** トマト
4. **cucumber** きゅうり
5. **onion** たまねぎ
6. **cabbage** キャベツ
7. **cheese** チーズ
8. **butter** バター

［食べ物］の英単語は、88〜89ページ、90〜91ページ、104〜105ページでも活用できます。

食べ物 ▶ Foods

**⑥ pizza**
ピザ

**⑦ spaghetti**
スパゲッティ

**⑧ hamburger**
ハンバーガー

**⑨ sandwich**
サンドイッチ

**⑩ doughnut**
ドーナツ

**⑪ hot dog**
ホットドッグ

**⑫ juice**
ジュース

**⑬ pudding**
プリン

# 体
## ▶Body

体の名前を英語で言ってみましょう。自分の体を見ながら、たくさんの体の名前を覚えてみてください。最後に、タッチ・ゲームでおさらいしてみるとよいでしょう。

CDをききながら言ってみよう！

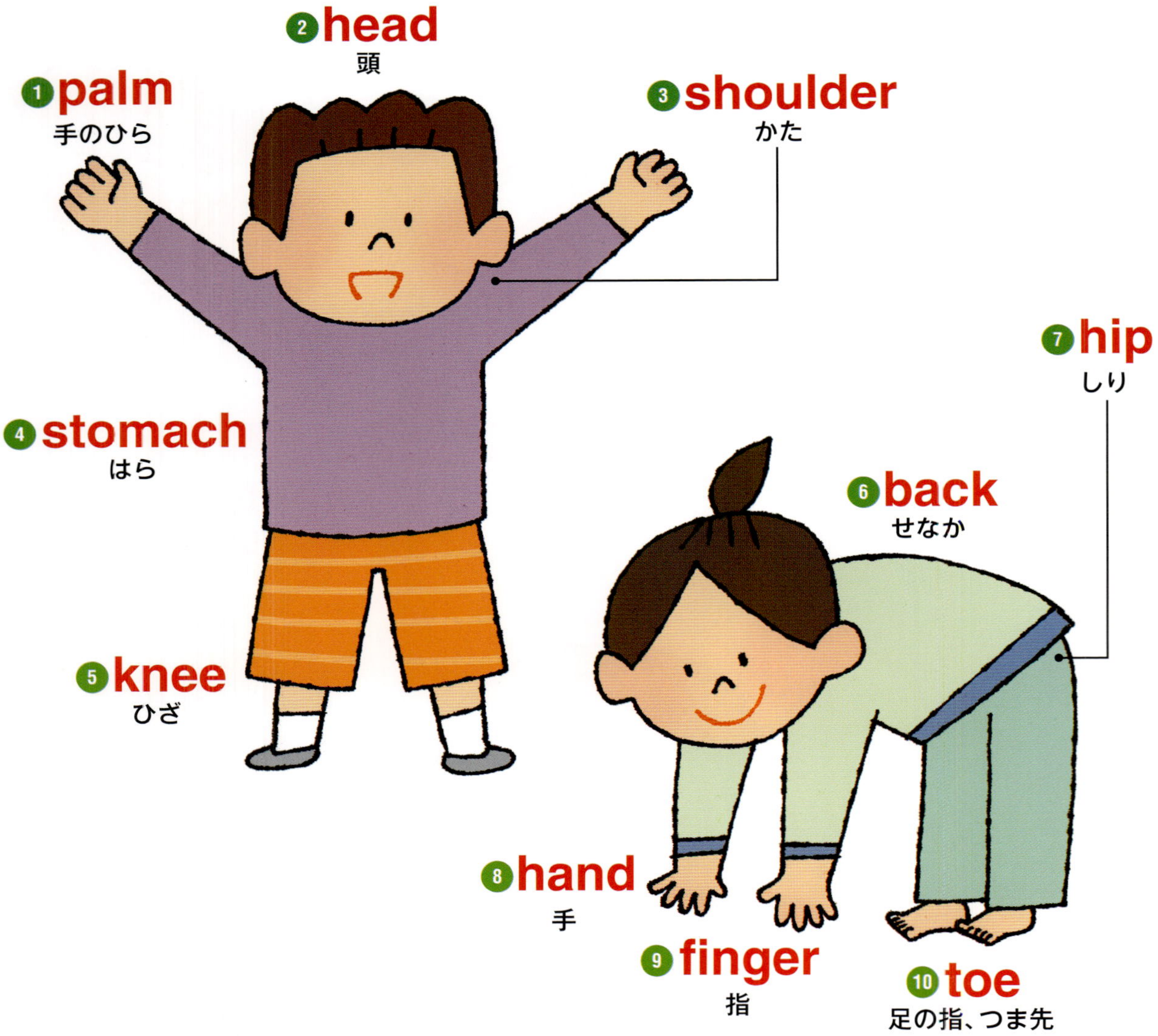

- ❶ **palm** 手のひら
- ❷ **head** 頭
- ❸ **shoulder** かた
- ❹ **stomach** はら
- ❺ **knee** ひざ
- ❻ **back** せなか
- ❼ **hip** しり
- ❽ **hand** 手
- ❾ **finger** 指
- ❿ **toe** 足の指、つま先

［体］の英単語を覚えておくと、86～87ページの［どうしたの？］で出てくる英単語とのつながりが理解しやすくなります。

体 ▶ Body

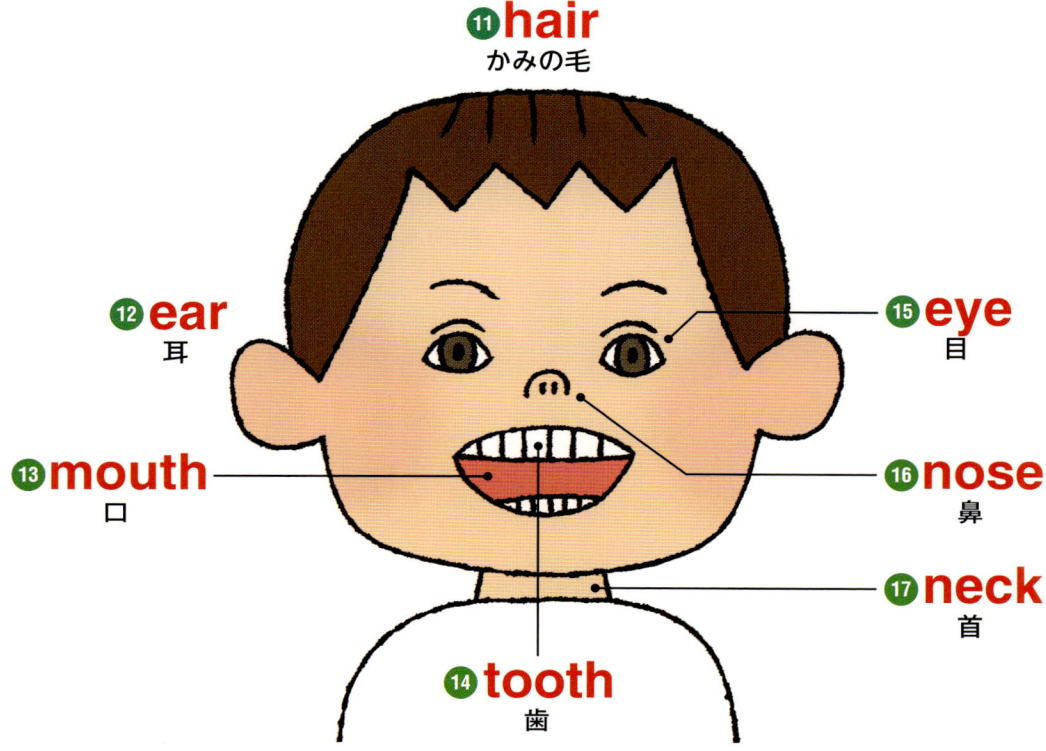

⑪ hair かみの毛
⑫ ear 耳
⑬ mouth 口
⑭ tooth 歯
⑮ eye 目
⑯ nose 鼻
⑰ neck 首

 **おうちの方へ**　英語で体の名前を表す場合、1つしかないものは単数、2つ以上あるものは複数で言います。たとえば、目や耳は「eyes」「ears」と言うことがほとんどです。「右目がいたい」など、限定するときは単数で言います。しかし、かみの毛は例外で、たくさんあっても複数形にはせず、「hair」です。

 **ステップアップ**　タッチ・ゲームをしよう！

CD 10　□ の中は、体の名前を入れかえて言ってみましょう。

❶ Touch your [ head ] .
頭にさわって。

❷ Touch your [ shoulders ] .
かたにさわって。

❸ Touch your [ ears ] .
耳にさわって。

複数形で言うことのできる体の名前は、120～123ページの［英単語さくいん］でしょうかいしています。

19

# 動物
## ▶Animals

ここでは、身近な動物や、動物園などで見かける動物の名前をしょうかいしていきます。ここに登場する動物のほかにも、たくさんの動物がいるので、英語での言い方を調べてみてください。

CDをききながら言ってみよう！

❶ **rabbit** ウサギ

❷ **dog** イヌ

❸ **pigeon** ハト

❹ **hamster** ハムスター

❺ **cat** ネコ

❻ **mole** モグラ

［動物］の英単語は、88〜89ページ、118〜119ページでも活用できます。

# 生き物
## ▶ Living Things

チョウやカブトムシなど、いろいろな生き物の名前を英語で言ってみましょう。このほかにも、身近な生き物の言い方を英和辞典などで調べてみるのも楽しいでしょう。

CD "13" CDをききながら言ってみよう！

❶ **butterfly** チョウ

❷ **green caterpillar** アオムシ

❸ **beetle** カブトムシ

❹ **cricket** コオロギ

❺ **earthworm** ミミズ

❻ **ant** アリ

❼ **mantis** カマキリ

［生き物］の英単語は、88〜89ページ、118〜119ページでも活用できます。

生き物 ▶ Living Things

⑧ **dragonfly** トンボ
⑨ **grasshopper** キリギリス
⑩ **frog** カエル
⑪ **spider** クモ
⑫ **lizard** トカゲ
⑬ **mosquito** カ
⑭ **snake** ヘビ
⑮ **tortoise** カメ

生き物の2ひき以上の言い方は、120～123ページの［英単語さくいん］を参考にしてください。

25

# 海の生き物
## ▶ Marine Life

海の中には、魚やイルカ、イセエビなど、たくさんの生き物がすんでいます。英語で生き物の名前を言ってみましょう。ウミガメは、前のページで出てきたカメとは言い方がちがうので、覚えておいてください。

CD 14 CDをききながら言ってみよう！

1. dolphin イルカ
2. tuna マグロ
3. turtle ウミガメ
4. squid イカ
5. starfish ヒトデ
6. shark サメ
7. lobster イセエビ

［海の生き物］の英単語は、88〜89ページ、118〜119ページでも活用できます。

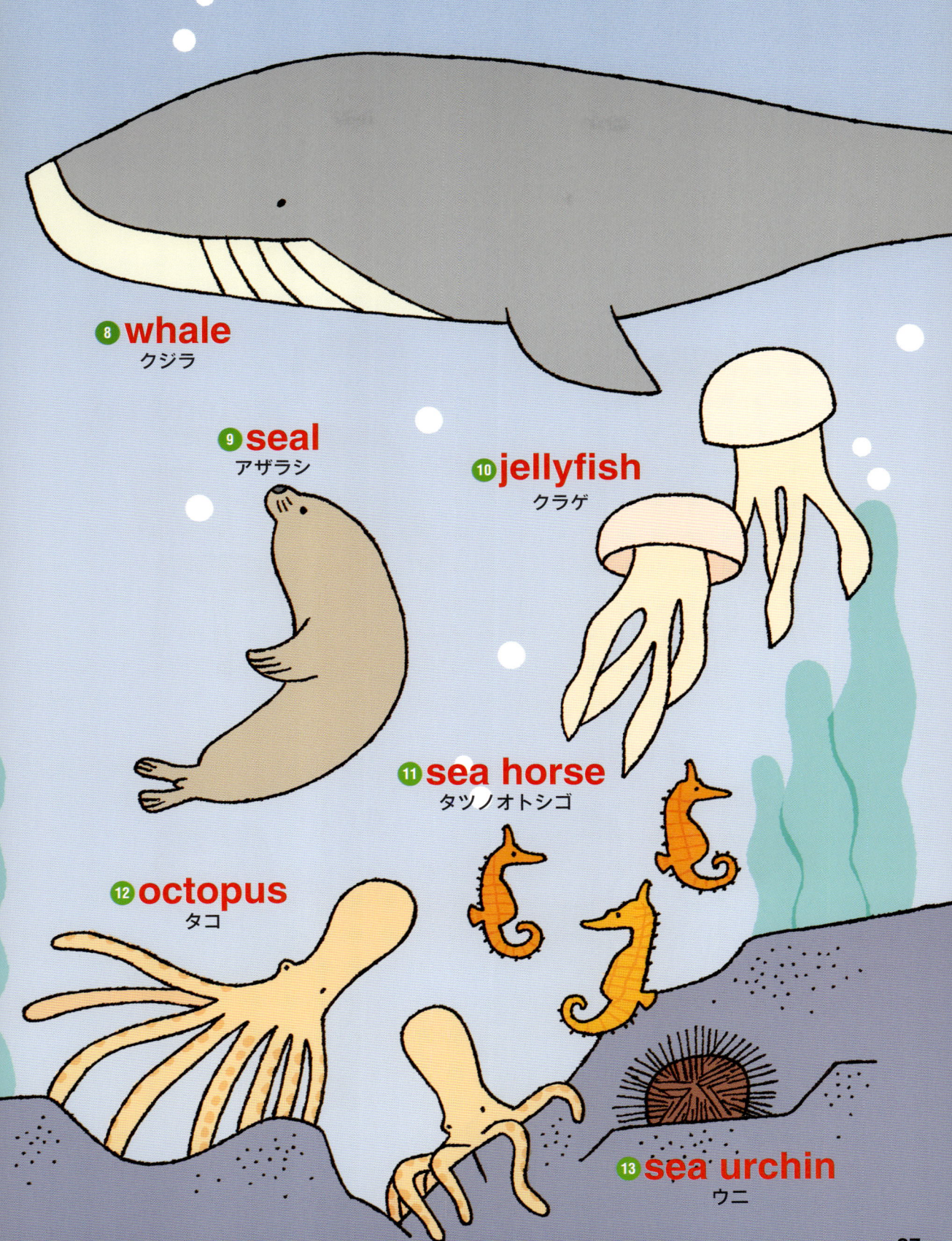

# 動作
▶ Action

ふだんからよくする動作を英語で言ってみましょう。「すわる」と「立つ」、「歩く」と「走る」など、つながりのある動作をセットで覚えてみてください。

CD "15" CDをききながら言ってみよう！

❶ **sit down** すわる

❷ **stand up** 立つ

❸ **walk** 歩く

❹ **run** 走る

動作 ▶ Action

# スポーツ
▶ Sports

**CD 16** CDをききながら言ってみよう！

スポーツの名前は、外国から入ってきたものも多いことから、英語と同じ言い方をするスポーツも多くあります。反対に、けん道やじゅう道など、日本での言い方がそのまま英語にとり入れられているスポーツもあります。

❶ **soccer**
サッカー

❷ **baseball**
野球

❸ **basketball**
バスケットボール

❹ **kendo**
けん道

［スポーツ］の英単語は、92〜93ページ、94〜95ページでも活用できます。

① **volleyball**
バレーボール

② **swimming**
水泳

③ **ping-pong**
たっ球

④ **golf**
ゴルフ

［スポーツ］の英単語は、92〜93ページ、94〜95ページでも活用できます。

スポーツ ▶ Sports

**❺ skiing**
スキー

**❻ cycling**
サイクリング

**❼ bowling**
ボウリング

**❽ marathon**
マラソン

# 曜日
## The Days of the Week

CDをききながら言ってみよう！

日曜日から土曜日までを、英語で言ってみましょう。曜日を覚えた後に、「What day is it today?」（今日は何曜日？）という表現を使って、質問し合ってみてください。答えるときは、「It's〈曜日〉.」と言います。

❶ **Sunday**
日曜日

❷ **Monday**
月曜日

❸ **Tuesday**
火曜日

［曜日］の英単語は、96〜97ページでも活用できます。

曜日 ▶ The Days of the Week

④ **Wednesday**
水曜日

⑤ **Thursday**
木曜日

⑥ **Friday**
金曜日

⑦ **Saturday**
土曜日

ステップアップ　今日は何曜日？

☐ の中に、曜日を入れて答えてみましょう。

❶ What day is it today?　　❷ It's ☐ Monday ☐ .
今日は何曜日ですか？　　　　　月曜日です。

35

# 衣服
▶ Clothes

ティーシャツやズボンなど、ふだん身に着けている衣服の英語での言い方を覚えていきます。さらに、「I like〈衣服〉.」「I don't like〈衣服〉.」という表現を使って、自分の好きな衣服やきらいな衣服を言ってみましょう。

CD "20"
CDをききながら言ってみよう！

❶ **T-shirt** ティーシャツ
❷ **pants** ズボン
❸ **dress** ワンピース
❹ **bag** かばん
❺ **socks** くつ下
❻ **cap** ぼうし
❼ **shoes** くつ
❽ **sweater** セーター
❾ **skirt** スカート

 おうちの方へ　英語で2つ以上のものを表すときは、単語の後ろに「〜s(es)」を付けます（例外もあります）。くつ下やくつは2足で1組なので、ほとんどの場合、「socks」「shoes」と言います。ズボンは、1まいでも「pants」です。

［衣服］の英単語は、100〜101ページでも活用できます。

衣服 ▶ Clothes

**ステップアップ**

## 衣服の好き・きらいを言ってみよう！

CD "21"

☐ の中に、衣服の名前を入れて言ってみましょう。☐ の中に入る単語の後ろには、複数を表す「〜s(es)」を付けるのがポイントです。

### 1 衣服の名前を覚えて、好みを伝えよう！

I like 衣服の名前 .

❶ I like T-shirts .
わたし（ぼく）は、ティーシャツが好きです。

❷ I like caps .
わたし（ぼく）は、ぼうしが好きです。

I don't like 衣服の名前 .

❸ I don't like sweaters .
わたし（ぼく）は、セーターがきらいです。

❹ I don't like skirts .
わたし（ぼく）は、スカートがきらいです。

I like 色の名前 衣服の名前 .

❺ I like pink T-shirts .
わたし（ぼく）は、ピンク色のティーシャツが好きです。

❻ I don't like red caps .
わたし（ぼく）は、赤色のぼうしがきらいです。

### 2 友だちの衣服をほめてみよう！

❼ **Your blue T-shirt is cool.**
あなたの青色のティーシャツは、かっこいいね。

❽ **That green skirt suits you!**
その緑色のスカートは、とても似合っているね！

衣服の複数を表す言い方は、120〜123ページの［英単語さくいん］を参考にしてください。

# 数字 2
## ▶ Numbers

21～100の数字を覚えていきましょう。10ページの「数字1」と同じように、身近な物（数の多い物）を使って、クイズをしてみてください。

CD "22" CDをききながら言ってみよう！

1. It's a quiz!
クイズだよ！
How many?
いくつ？

2. Twenty-one?
21?

3. Yes!
当たり！

4. Quiz No.2!
クイズ2だよ。
How many marbles?
おはじきはいくつ？

5. Um…,
うーん。
thirty-two?
32?

6. No!
はずれ！

## 数字 2 ▶ Numbers

### ステップアップ：21〜50の数字を覚えよう！

| # | 英語 | 数字 | # | 英語 | 数字 |
|---|---|---|---|---|---|
| 1 | twenty-one | 21 | 16 | thirty-six | 36 |
| 2 | twenty-two | 22 | 17 | thirty-seven | 37 |
| 3 | twenty-three | 23 | 18 | thirty-eight | 38 |
| 4 | twenty-four | 24 | 19 | thirty-nine | 39 |
| 5 | twenty-five | 25 | 20 | forty | 40 |
| 6 | twenty-six | 26 | 21 | forty-one | 41 |
| 7 | twenty-seven | 27 | 22 | forty-two | 42 |
| 8 | twenty-eight | 28 | 23 | forty-three | 43 |
| 9 | twenty-nine | 29 | 24 | forty-four | 44 |
| 10 | thirty | 30 | 25 | forty-five | 45 |
| 11 | thirty-one | 31 | 26 | forty-six | 46 |
| 12 | thirty-two | 32 | 27 | forty-seven | 47 |
| 13 | thirty-three | 33 | 28 | forty-eight | 48 |
| 14 | thirty-four | 34 | 29 | forty-nine | 49 |
| 15 | thirty-five | 35 | 30 | fifty | 50 |

1〜20の数字は、11ページを見てください。

## ステップアップ 51〜100の数字を覚えよう！

CD "24"

| | | | |
|---|---|---|---|
| ❶ fifty-one | 51 | ⓭ sixty-three | 63 |
| ❷ fifty-two | 52 | ⓮ sixty-four | 64 |
| ❸ fifty-three | 53 | ⓯ sixty-five | 65 |
| ❹ fifty-four | 54 | ⓰ sixty-six | 66 |
| ❺ fifty-five | 55 | ⓱ sixty-seven | 67 |
| ❻ fifty-six | 56 | ⓲ sixty-eight | 68 |
| ❼ fifty-seven | 57 | ⓳ sixty-nine | 69 |
| ❽ fifty-eight | 58 | | |
| ❾ fifty-nine | 59 | ⓴ seventy | 70 |
| | | ㉑ seventy-one | 71 |
| | | ㉒ seventy-two | 72 |
| ❿ sixty | 60 | ㉓ seventy-three | 73 |
| ⓫ sixty-one | 61 | ㉔ seventy-four | 74 |
| ⓬ sixty-two | 62 | ㉕ seventy-five | 75 |

1〜20の数字は11ページ、21〜50の数字は39ページを見てください。

数字 2 ▶ Numbers

| | | | | | |
|---|---|---|---|---|---|
| ❷❻ | seventy-six | 76 | ❸❽ | eighty-eight | 88 |
| ❷❼ | seventy-seven | 77 | ❸❾ | eighty-nine | 89 |
| ❷❽ | seventy-eight | 78 | | | |
| ❷❾ | seventy-nine | 79 | | | |
| ❸⓿ | eighty | 80 | ❹⓿ | ninety | 90 |
| ❸❶ | eighty-one | 81 | ❹❶ | ninety-one | 91 |
| ❸❷ | eighty-two | 82 | ❹❷ | ninety-two | 92 |
| ❸❸ | eighty-three | 83 | ❹❸ | ninety-three | 93 |
| ❸❹ | eighty-four | 84 | ❹❹ | ninety-four | 94 |
| ❸❺ | eighty-five | 85 | ❹❺ | ninety-five | 95 |
| ❸❻ | eighty-six | 86 | ❹❻ | ninety-six | 96 |
| ❸❼ | eighty-seven | 87 | ❹❼ | ninety-seven | 97 |
| | | | ❹❽ | ninety-eight | 98 |
| | | | ❹❾ | ninety-nine | 99 |
| | | | ❺⓿ | one hundred | 100 |

41

# 形
## ▶Shapes

**CD 25** CDをききながら言ってみよう！

丸、三角、四角など、身の回りには、いろいろな形があります。ここでは、それらの形を英語で言ってみる練習をします。また、友だちといろいろな形をさがして、英語で言ってみましょう。

❶ **circle** 丸

❷ **triangle** 三角形

❸ **rectangle** 長方形

❹ **square** 正方形

形 ▶ Shapes

**❻ star**
星

**❺ diamond**
ひし形

**❼ pentagon**
五角形

**❽ heart**
ハート形

43

# 12か月と季節

## ▶ Months and Seasons

1月から12月までの英語を覚えていきましょう。月の言い方といっしょに、その月の行事、季節の英語もしょうかいしていきます。最後に、好きな季節とその理由を言う練習をしてみましょう。

CD 26　CDをききながら言ってみよう！

**1月** ❶ **January**

❷ **New Year's Day**
正月

**2月** ❸ **February**

❹ **Valentine's Day**
バレンタインデー

**3月** ❺ **March**

❻ **the Doll's Festival**
ひな祭り

**4月** ❼ **April**

❽ **entrance ceremony**
入学式

44　［12か月と季節］の英単語は、98〜99ページのたんじょう日を答える場合にも活用できます。

12か月と季節 ▶ Months and Seasons

5月 ❾ May

❿ the Children's Day
子どもの日

6月 ⓫ June

⓬ the rainy season
つゆ

7月 ⓭ July

⓮ the Star Festival
たなばた祭り

8月 ⓯ August

⓰ summer vacation
夏休み

45

9月 **17** September

**18** excursion
遠足

10月 **19** October

**20** Halloween
ハロウィーン

11月 **21** November

**22** Thanksgiving Day
感謝祭

12月 **23** December

**24** Christmas
クリスマス

12か月と季節 ▶ Months and Seasons

## ステップアップ 好きな季節とその理由を言ってみよう

**CD 27**

「I like 季節 , because 理由 .」という言い方を覚えてみましょう。慣れてきたら、□ の中に入れる言葉を入れかえて、自分の好きな季節と理由を言ってみてください。

### 1

❶ **spring**
春

❷ **I like spring ,**
わたし（ぼく）は春が好きです。
**because I like cherry blossoms .**
桜の花が好きだからです。

### 2

❸ **summer**
夏

❹ **I like summer ,**
わたし（ぼく）は夏が好きです。
**because I like swimming .**
水泳が好きだからです。

### 3

❺ **autumn / fall**
秋

❻ **I like autumn ,**
わたし（ぼく）は秋が好きです。
**because I like persimmons .**
カキが好きだからです。

### 4

❼ **winter**
冬

❽ **I like winter ,**
わたし（ぼく）は冬が好きです。
**because I like snowy days .**
雪の日が好きだからです。

⚠ 「autumn」は、「fall」とも言い、どちらでも正しい表現です。

# 1か月
## ▶ One Month

1日から31日までの英語の日にちの言い方を覚えていきます。1から31までの数字の言い方と、日にちの言い方は少しちがうので、CDをよくきいてみてください。

**CD "28"** CDをききながら言ってみよう！

| # | 日にち | 英語 |
|---|---|---|
| 1 | 1st | first |
| 2 | 2nd | second |
| 3 | 3rd | third |
| 4 | 4th | fourth |
| 5 | 5th | fifth |
| 6 | 6th | sixth |
| 7 | 7th | seventh |
| 8 | 8th | eighth |
| 9 | 9th | ninth |
| 10 | 10th | tenth |
| 11 | 11th | eleventh |
| 12 | 12th | twelfth |
| 13 | 13th | thirteenth |

［1か月］の英単語は、98〜99ページのたんじょう日を答える場合にも活用できます。

1か月 ▶ One Month

| | | | |
|---|---|---|---|
| **14th** fourteenth | **15th** fifteenth | **16th** sixteenth | |
| **17th** seventeenth | **18th** eighteenth | **19th** nineteenth | **20th** twentieth |
| **21st** twenty-first | **22nd** twenty-second | **23rd** twenty-third | **24th** twenty-fourth |
| **25th** twenty-fifth | | **26th** twenty-sixth | **27th** twenty-seventh |
| **28th** twenty-eighth | **29th** twenty-ninth | **30th** thirtieth | **31st** thirty-first |

# 天気
## ▶Weather

晴れ、くもりなど、天気を英語で言ってみましょう。「How is the weather today?」(今日はどんな天気?)と聞いてみたり、その日の天気を答えたりしてみるのも楽しいでしょう。

CD 29 CDをききながら言ってみよう!

**❶ sunny**
日の照っている、晴れわたった

**❷ cloudy**
くもりの、くもった

**❸ rainy**
雨ふりの、雨の多い

**❹ snowy**
雪のふる、雪の多い

天気 ▶ Weather

❺ **windy**
風のふく、風の強い

❻ **stormy**
あらしの

### ステップアップ 天気の表現をもっと知ってみよう！

CD 30

**1　知っておくと便利な天気の表現**

❶ **muggy**
じめじめする、むし暑い

❷ **foggy**
きりのこい、きりの立ちこめた

❸ **hot** 暑い ⋯▶ ❹ **warm** あたたかい ⋯▶ ❺ **cool** すずしい ⋯▶ ❻ **cold** 寒い

**2　今日の天気を友だちにきいてみよう！**

☐ の中に天気を入れて言ってみましょう。

❼ **How is the weather today?**
今日はどんな天気？

❽ **It's** ☐ sunny ☐ **.**
晴れだよ。

# 家族
## ▶Family

家族の言い方を英語で覚えていきましょう。わたし（ぼく）は、英語で「I」と言います。お母さん、お父さん、兄弟、姉妹などを、英語で言ってみてください。

**CD 31** …… CDをききながら言ってみよう！

❶ **grandma** おばあさん

❷ **grandpa** おじいさん

❸ **brother** 兄

❸ **brother** 弟

❹ **I** ぼく（わたし）

🏠 おうちの方へ　おじいさんの「grandpa」は「grandfather」、おばあさんの「grandma」は「grandmother」とも言います。「sister」は姉・妹、「brother」は兄・弟、どちらの場合でも使います。

家族 ▶ Family

- ⑤ **uncle** おじさん
- ⑥ **aunt** おばさん
- ⑦ **cousin** いとこ
- ⑧ **sister** 姉
- ⑨ **parents** 両親
- ⑩ **father** お父さん
- ⑧ **sister** 妹
- ⑪ **mother** お母さん

# 家
## ▶House

**CD 32** CDをききながら言ってみよう！

居間や台所といった部屋の名前、つくえやいすなどの家具の言い方を英語で覚えていきます。家の中で目に付いたものを、英語で言ってみるのも楽しいでしょう。

1. **living room** 居間 
2. **light** ライト
3. **TV** テレビ
4. **sofa** ソファ
5. **remote controller** リモコン
6. **telephone** 電話
7. **dining room** ダイニングルーム 
8. **flower** 花
9. **vase** 花びん
10. **table** テーブル
11. **chair** いす

家 ▶ House

**⑫ kitchen** 台所

**⑬ pan** フライパン

**⑭ kettle** やかん

**⑮ cup** カップ

**⑯ glass** コップ

**⑰ stove** コンロ

**⑱ kitchen knife** 包丁

**⑲ refrigerator** 冷ぞう庫

**⑳ my room** わたし（ぼく）の部屋

**㉑ desk** つくえ

**㉒ closet** クローゼット

**㉓ pillow** まくら

**㉔ blanket** 毛布

**㉕ bed** ベッド

**㉖ bathroom** ふろ場

**㉗ shower** シャワー

**㉘ soap** 石けん

**㉙ bathtub** 湯船

**㉚ bath towel** バスタオル

「台所」の中で、2つ以上ありそうなものの複数形は、120〜123ページの［英単語さくいん］でしょうかいしています。

# 反対語
## ▶ Opposite Words

高い・低い、大きい・小さい、速い・おそいなど、反対の言葉を英語で言う練習をしましょう。反対語どうしをセットで覚えてみてください。

CD "33"
CDをききながら言ってみよう！

1. **tall** 高い
2. **short** 低い
3. **big** 大きい
4. **little** 小さい
5. **heavy** 重い
6. **light** 軽い
7. **hard** かたい
8. **soft** やわらかい

反対語 ▶ Opposite Words

**9 sad**
悲しい

**10 glad**
うれしい

**11 small**
小さい

**12 large**
大きい

**13 fast**
速い

**14 slow**
おそい

**15 dark**
暗い

**16 light**
明るい

**17 deep**
深い

**18 shallow**
浅い

57

# 教室
## ▶School

CD 34　CDをききながら言ってみよう！

学校の教室の名前や、し設を英語で言ってみましょう。音楽室や理科室、職員室など、「部屋」を意味する「room」の付く名前もあります。また、60～61ページの教科でつながりのある教室もあります。

1. **music room** 音楽室
2. **classroom** 教室
3. **swimming pool** プール
4. **teachers' room** 職員室
5. **principal's office** 校長室

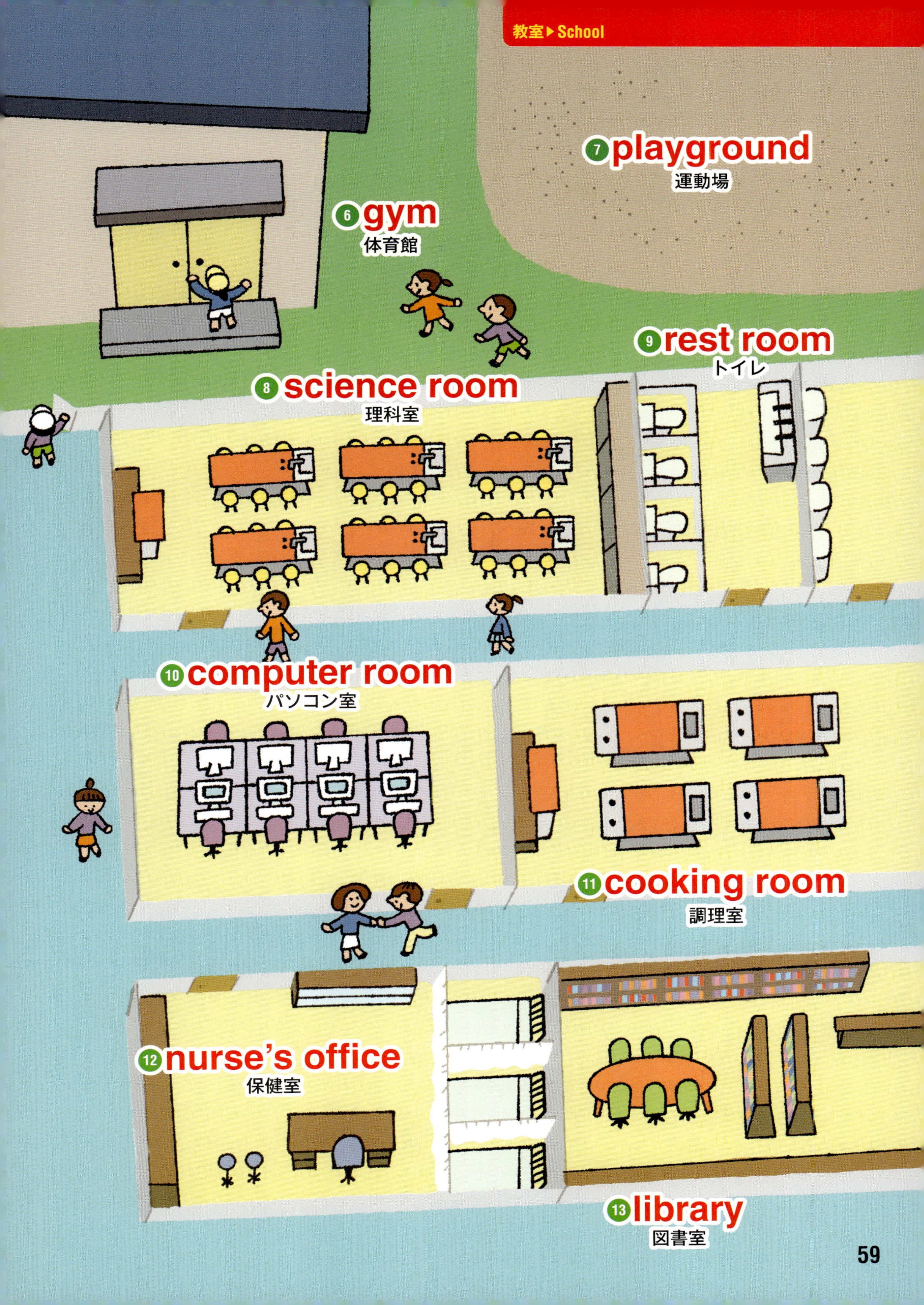

教室 ▶ School

⑥ **gym**
体育館

⑦ **playground**
運動場

⑧ **science room**
理科室

⑨ **rest room**
トイレ

⑩ **computer room**
パソコン室

⑪ **cooking room**
調理室

⑫ **nurse's office**
保健室

⑬ **library**
図書室

59

# 教科
## ▶Subjects

CD 35　CDをききながら言ってみよう！

学校の教科を英語で覚えていきます。算数や社会など、ふだんの授業を思い出しながら、英語で言ってみてください。国語は、日本語という意味もある「Japanese」と言います。

❶ **Japanese**
国語

❷ **math**
算数

❸ **science**
理科

❹ **social studies**
社会科

［教科］の英単語は、96〜97ページでも活用できます。

教科 ▶ Subjects

⑤ **p.e.**
体育

⑥ **calligraphy**
書道

⑦ **English**
英語

⑧ **music**
音楽

⑨ **home economics**
家庭科

⑩ **arts and crafts**
図画工作

⚠ 体育の「p.e.」は、ピリオドを付けて略した言い方です。正式には「physical education」と言いますが、略して言うことが多いようです。

61

# 建物
## ▶ Buildings

**CD 36** CDをききながら言ってみよう！

町の中には、いろいろな建物やお店があります。ここでは、建物などの英語の名前をたくさんしょうかいしていきます。ふだんよく行く所の名前から覚えてみてください。

1. **library** 図書館
2. **bank** 銀行
3. **bookstore** 書店
4. **police station** けいさつしょ
5. **post office** ゆうびん局
6. **cafe** きっさ店
7. **bakery** パン店
8. **supermarket** スーパーマーケット
9. **convenience store** コンビニエンスストア
10. **bus stop** バス停

建物 ▶ Buildings

⑪ **fire station**
消防しょ

⑫ **department store**
デパート

⑬ **restaurant**
レストラン

⑭ **hotel**
ホテル

⑮ **train station**
駅

⑯ **gas station**
ガソリンスタンド

⑰ **city hall**
市役所

⑱ **police box**
交番

⑲ **drugstore**
ドラッグストア

⑳ **hospital**
病院

63

# 国の名前
▶ Countries

**CD 37** CDをききながら言ってみよう！

世界の国の名前を英語で言ってみましょう。日本語に似ているよび方や、ちがうよび方の国など、国によってさまざまなので、CDをよくきいてみてください。ここでは、授業やニュースなどで身近な国々をしょうかいします。

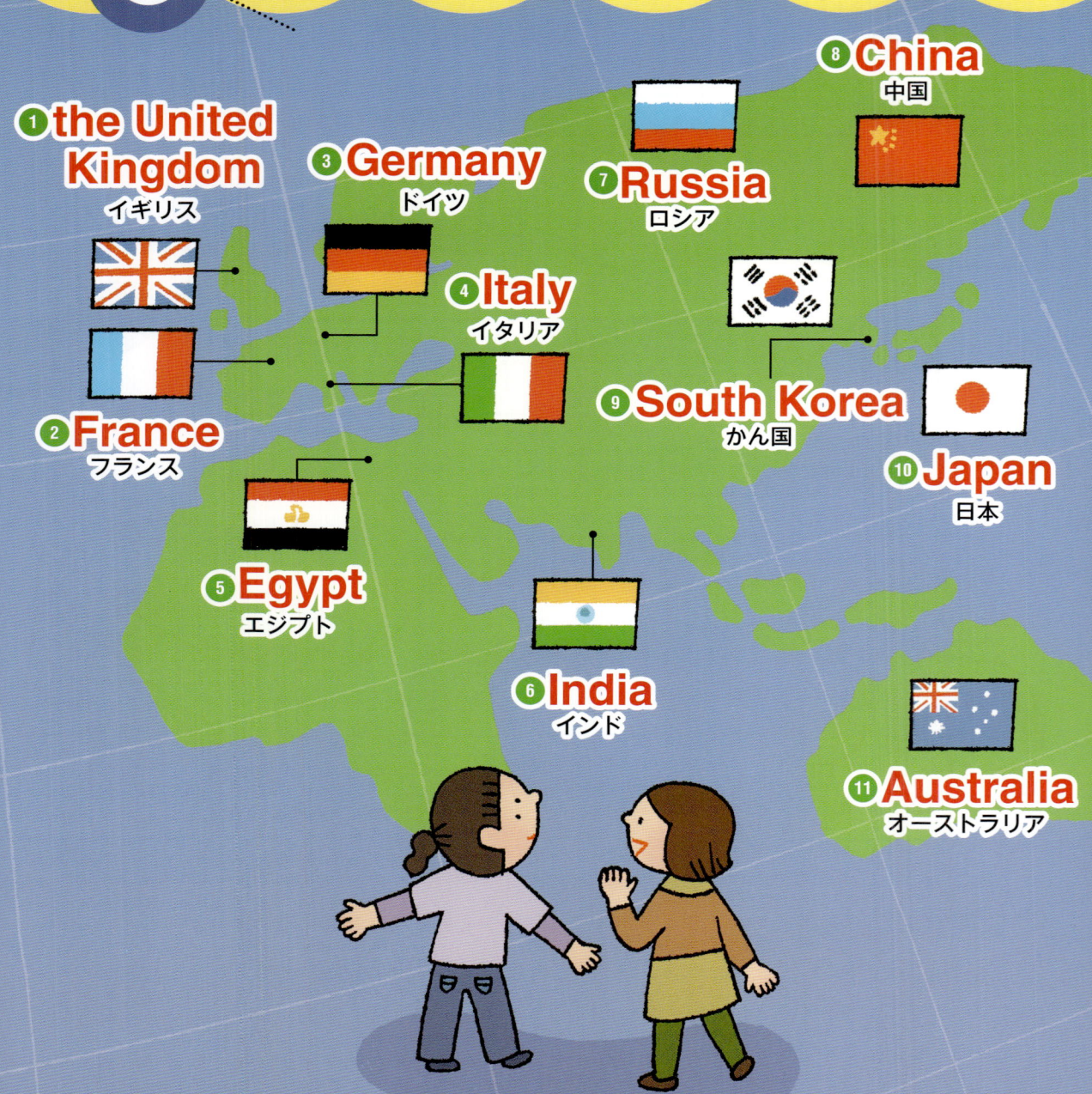

1. the United Kingdom　イギリス
2. France　フランス
3. Germany　ドイツ
4. Italy　イタリア
5. Egypt　エジプト
6. India　インド
7. Russia　ロシア
8. China　中国
9. South Korea　かん国
10. Japan　日本
11. Australia　オーストラリア

［国の名前］の英単語は、118〜119ページでも活用できます。

国の名前 ▶ Countries

⑫ **Canada**
カナダ

⑬ **the United States**
アメリカ合しゅう国

⑭ **Brazil**
ブラジル

CD 38

ステップアップ　友だちとクイズをしてみよう！

☐ の中に、国名を入れて答えてみましょう。

❶ **What country is this?**
これはどの国でしょう？

❷ **It's** ☐ **Japan** .
日本です。

65

# 職業
## ▶Jobs

CD 39
CDをききながら言ってみよう！

大きくなったら、どんな仕事をしてみたいですか？　自分の興味のある職業の名前を英語で言ってみましょう。また、その職業につきたい理由も考えて英語で言えるようになるといいですね。

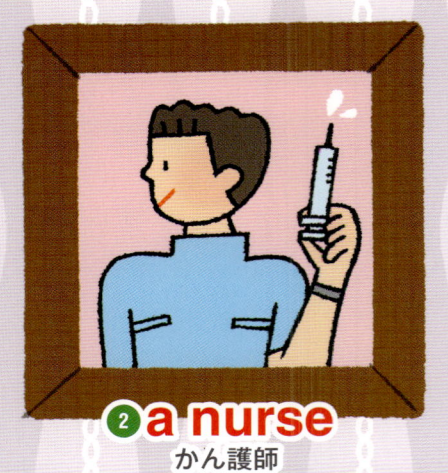

1. **a doctor**
医者

2. **a nurse**
かん護師

3. **a fire fighter**
消防士

4. **a lawyer**
弁護士

5. **a pilot**
パイロット

職業 ▶ Jobs

**❻ a soccer player**
サッカー選手

**❼ a tennis player**
テニス選手

**❽ a teacher**
先生

**❾ a nursery school teacher**
保育士

**❿ a police officer**
けいさつ官

**⓫ a flight attendant**
客室乗務員

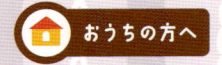

おうちの方へ　やってみたい職業を答えるときは、英語で「I want to be a doctor.」（わたしは医者になりたいです。）と言います。「a doctor」というように、ここでは「a(an)」といっしょに、職業の名前を覚えてみてください。

⑫ **an office worker**
会社員

⑬ **a vet**
じゅう医

⑭ **a computer programmer**
コンピュータープログラマー

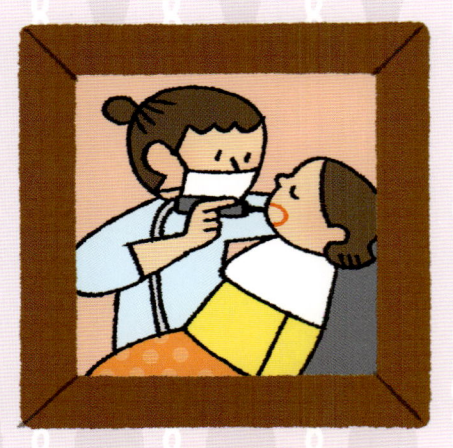

⑮ **a dentist**
歯医者

⑯ **a singer**
歌手

⑰ **a hair dresser**
美容師

職業 ▶ Jobs

## ステップアップ やってみたい職業は？

**CD 40**

やってみたい職業を□の中に入れて言ってみましょう。
さらに、「Because〈理由〉.」と、理由も付け加えてみてください。

### 1 おとなになったら、何になりたい？

❶ **What do you want to be?**
何になりたいですか？

❷ **I want to be** a teacher .
先生になりたいです。

❸ **What do you want to be?**
何になりたいですか？

❹ **I want to be** a vet .
じゅう医になりたいです。

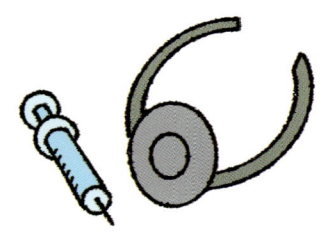

### 2 「Why?(なぜ？)」ときかれたら、その理由を言ってみよう！

❺ **Because I like children.**
なぜなら、子どもが好きだからです。

❻ **Because I like animals.**
なぜなら、動物が好きだからです。

# 大文字と小文字
▶ Capital Letters and Small Letters

アルファベットには、大文字と小文字があります。ノートなどにアルファベットの文字を書き写して、何度も練習してください。この本に出てくる単語をまねて書いてみるのもよいでしょう。

Aa Bb Cc Dd Ee Ff Gg Hh Ii Jj Kk Ll Mm

大文字と小文字 ▶ Capital Letters and Small Letters

Nn  Oo  Pp
Qq  Rr  Ss
Tt
Uu  Vv  Ww
Xx  Yy  Zz

# 復習クイズ

たくさんの英語の単語や表現がありましたね。
これまでに出てきた英語の単語について、クイズを出します。

**1** この食べ物は、英語で何と言うでしょう？
→答えは、13ページと17ページにあります。

**2** この人たちは、何をしていますか？
英語で言ってみましょう。
→答えは、28ページと29ページにあります。

**3** 反対の言葉を英語で言ってみましょう。
→答えは、56ページと57ページにあります。

**fast**
速い

おそい

**tall**
高い

低い

# 英会話

家や学校、町の中など、身近な場面で使える会話をしょうかいしていきます。短い会話が多いので、CDをききながら、どんどん覚えてください。友だちや先生、おうちの方などに、英語で聞いたり、答えたりしてみると、英語がもっと楽しくなるはずです。

# こんにちは

▶ **Hello**

あいさつをするとき、英語ではまず最初に「Hello.」と言います。ここでは、覚えておくと便利な英語のあいさつを練習していきます。となりにいる人に「Hello.」と、話しかけてみましょう。

**CD 41** CDをききながら言ってみよう！

**1**
**Hello. I'm Aya.**
こんにちは。わたしは、あやです。
**Nice to meet you.**
はじめまして。

**2**
**Hello. I'm Riku.**
こんにちは。ぼくは、りくです。
**Nice to meet you, too.**
はじめまして。

**3**
**Good-bye.**
さようなら。
**See you.**
またね。

**4**
**Good-bye!**
さようなら。

こんにちは ▶ Hello

## ステップアップ 覚えておきたいかんたんなあいさつ

**CD 42**

❶ How are you?
元気？

❷ I'm fine, thank you.
元気だよ。ありがとう。

And you?
あなたは？

❸ I'm fine.
元気だよ。

❹ What's your name?
何ていう名前なの？

❺ I'm Kaito.
ぼくは、かいとです。

**おうちの方へ** 初めてあいさつをする人には、必ず名前を名乗りますが、名前をきかれたときの答え方は、「I'm〈名前〉.」が一般的になってきています。「My name is〈名前〉.」でもまちがいではありませんが、やや古い表現になってしまうようです。

❻ Excuse me.
すみません。

❼ Thank you.
ありがとう。

❽ You're welcome.
どういたしまして。

❾ Good morning.
おはよう。

❿ Good afternoon.
こんにちは。

⓫ Good night.
おやすみなさい。

**おうちの方へ** 「Excuse me.」は、いろいろな場面で使うことができます。たとえば、ちょっと人のそばを通るときや、だれかに声をかけたいときに「Excuse me.」を覚えておくと、コミュニケーションがスムーズになります。

# 元気？

## ▶How are you?

**CD 43**
CDをききながら言ってみよう！

ここでは、「How are you?」と、たずねられたら、どのように答えたらよいかを覚えていきます。「I'm〈気分や状態〉.」という表現を使って、自分の気持ちを相手に伝えてみましょう。

**1** Hello, how are you?
こんにちは、元気？

**2** I'm fine. Thank you. And you?
元気だよ。ありがとう。君は？

**3** I'm fine, thank you.
ぼくも元気だよ。

**4** Hello, how are you?
こんにちは、元気？

**5** I'm sleepy, thank you. And you?
ねむいです、ありがとう。君は？

**6** I'm fine, thank you.
わたしは元気だよ、ありがとう。

元気？ ▶ How are you?

## ステップアップ 「How are you?」ときかれたら……？

CD 44

**1** ☐ の中に、右の「元気のバロメーター」の言葉を入れて言ってみよう。

❶ I'm **fine** , thank you. And you?
元気だよ。ありがとう。あなたは？

❷ I'm **great** , thank you.
すごく元気だよ。ありがとう。

**元気のバロメーター**

❸ **great**
すごく元気

❹ **fine / good**
元気

❺ **not so good**
元気ではない

🏠 **おうちの方へ**
英語では、あいさつの後などに「Thank you.」と言うことがよくあります。ここでは、気にかけてくれてありがとう、という意味もこめられているようです。

**2** 知っておくと便利な「気分・状態」を表す言葉

❻ **I'm hungry.**
おなかがすいています。

❼ **I'm sleepy.**
ねむいです。

❽ **I'm hot.**
暑いです。

❾ **I'm cold.**
寒いです。

❿ **I'm happy.**
うれしいです。

⓫ **I'm sad.**
悲しいです。

# 英語で何て言うの?

▶ **How do you say?**

知りたい英語をきくときに、「How do you say〈知りたい言葉〉in English?」と言います。英語だと思っている言葉の中には、日本でできた言葉（和製英語）もあります。どんな言葉があるのか、調べてみると楽しいでしょう。

**CD "45"** CDをききながら言ってみよう！

**1** **How do you say "マグカップ" in English?**
「マグカップ」は、英語で何て言うんですか？

**2** **"Mug".**
「mug」と言うんだよ。

**4** **"きれい" is "beautiful".**
「きれい」は「beautiful」って言うのよ。

**3** **How do you say "きれい" in English?**
「きれい」は英語で何て言うの？

英語で何て言うの？ ▶ How do you say?

## ステップアップ 英語では言い方のちがう和製英語

CD 46

**① cream puff**
シュークリーム

**② mechanical pencil**
シャープペンシル（シャーペン）

**③ French fries**
フライドポテト

**④ key ring**
キーホルダー

**⑤ anchor**
キャスター

**⑥ sweat shirt**
トレーナー

**⑦ rest room**
トイレ

**⑧ gas station**
ガソリンスタンド

複数形で言うことのできる英単語は、120 ～ 123ページの［英単語さくいん］でしょうかいしています。

# じゃんけんぽん

▶ **Rock, Paper, Scissors**

**CD 47** CDをききながら言ってみよう！

「じゃんけん」は、外国にもあります。英語では、グーは「rock」、パーは「paper」、チョキは「scissors」と言います。数の数え方も国によって、さまざまです。遊びながら覚えてみましょう。

**1. Hi. Let's play rock, paper, scissors.**
やあ。じゃんけんをしようよ。

**2. O.K.**
いいよ。

**3. Rock, paper, scissors, one, two, three.**
じゃんけんぽん。

**4. rock** グー（石）

**5. paper** パー（紙）

**6. scissors** チョキ（はさみ）

🏠 **おうちの方へ** じゃんけんをしていて、あいこになった場合は、「One, two, three!」と言って、手を出してください。またあいこなら、「One, two, three!」と、くり返していけば、じゃんけんが続けられます。

じゃんけんぽん ▶ Rock, Paper, Scissors

## ステップアップ　日本とアメリカの数え方のちがい

1から3までの、指を使っての数え方をしょうかいします。左側は日本、右側はアメリカの数え方の一例です。

日本　　　1 one　　　アメリカ

2 two

3 three

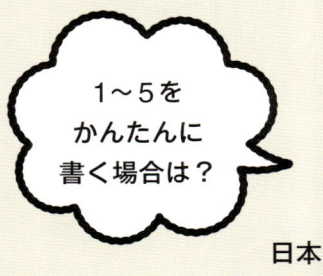

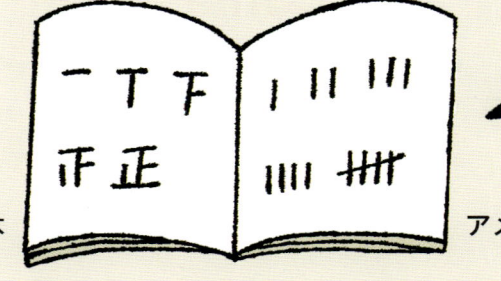

1〜5をかんたんに書く場合は？

日本　　　アメリカ

**おうちの方へ**　1〜5の数を日本では「正」（左側）で表すことがありますが、アメリカでは右側のような表し方をします。国によって表し方がちがうので、調べてみるのも楽しいでしょう。

81

# ジェスチャー
## ▶ Gestures

ふだん使っているジェスチャー（身ぶり）は、日本だけのものもあります。ここでは、日本とアメリカの、ジェスチャーの似ているところやちがいをしょうかいします。いろいろなジェスチャーを知っておくとよいでしょう。

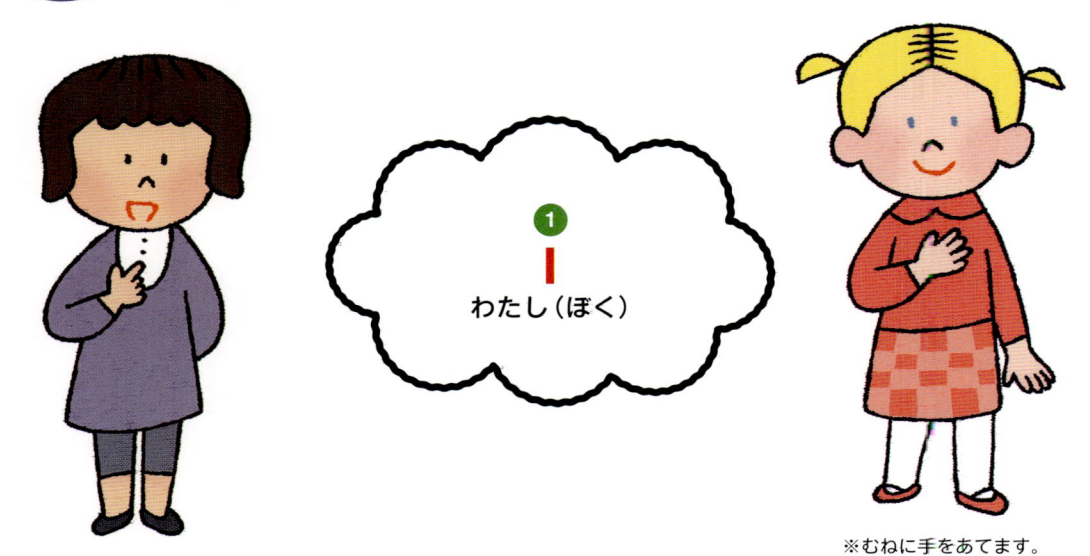

**CD 48** CDをききながら言ってみよう！

**1** I
わたし（ぼく）

※むねに手をあてます。

**2** Come here.
こっちにおいで。

※手のひらを上に向けて、手まねきします。

**おうちの方へ** 日本とアメリカのジェスチャーの代表的なちがいの1つに「おいで」があります。日本では「おいで」でも、アメリカでは「あっちへ行って」に受け取られてしまいます。

ジェスチャー ▶ Gestures

**3**
**Good. / O.K.**
いいね。

**4**
**I don't know.**
わかりません。

※顔の前で、手をふります。

**5**
**Bye! / See you.**
またね。

🏠 **おうちの方へ** 「わからない」というとき、日本では顔の前で手をふることがあります。アメリカでは、「くさい」という意味です。思いちがいを減らすためにも、いろいろなジェスチャーのちがいを知っておくとよいでしょう。

# これは何でしょう?

▶ **What's this?**

文ぼう具の名前を、クイズで覚えていきましょう。質問するときは、「What's this?」、答えるときは、「It's〈文ぼう具の名前〉.」という表現を使います。

CD 49　CDをききながら言ってみよう！

**1 What's this?**
これは何でしょう？

**2 It's an eraser!**
消しゴム！

**3 What's this?**
これは何でしょう？

**5 That's right!**
その通り！

**4 It's a stapler!**
ホチキス！

カチャカチャ

🏠 おうちの方へ　ここでは、クイズの文ぼう具が1つなので、「It's an eraser.」と答えています。2つ以上の場合は、「They are erasers.」となり、単語の前に「a(an)」は付けずに、単語の後ろに「～s(es)」が付きます。

これは何でしょう？ ▶ What's this?

## ステップアップ 身近な文ぼう具の名前を覚えよう

**CD 50**

❶ **pencil**
えんぴつ

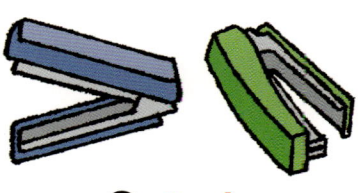

❷ **stapler**
ホチキス

❸ **ball-point pen**
ボールペン

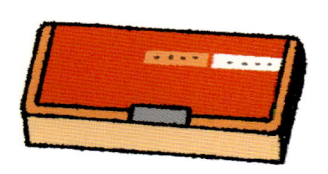

❹ **pencil case**
筆箱

❺ **glue**
のり

❻ **notebook**
ノート

❼ **pencil sharpner**
えんぴつけずり

❽ **crayon**
クレヨン

### 知っておくと便利な文房具の名前

❾ **colored pencil**
色えんぴつ

❿ **ruler**
定規

⓫ **compasses**
コンパス

⚠ コンパスは、1つでも複数形の「compasses」という言い方をします。

複数形で言うことのできる文ぼう具の名前は、120～123ページの［英単語さくいん］でしょうかいしています。

# どうしたの?
## ▶ What's the matter?

**CD 51** CDをききながら言ってみよう!

具合が悪そうな人に声をかける場合、「What's the matter?」と言います。頭がいたいと答える場合には、「headache」を使います。これは、体の部分の名前と「ache」(いたみ)を組み合わせた言葉です。

**1 Hello.**
こんにちは。
**What's the matter?**
どうしたの?

**2 I have a headache.**
頭がいたいの。

**3 Hi.**
やあ。
**What's the matter?**
どうしたの?

**4 I have a stomachache.**
おなかがいたいんだ。

どうしたの？ ▶ What's the matter?

**6** I have a toothache.
歯がいたいの。

**5** What's the matter?
どうしたの？

**8** I have a backache.
こしがいたいんだ。

**7** What's the matter?
どうしたの？

**9** Take care.
おだいじに。

**10** Thank you.
ありがとう。

---

CD 52

ステップアップ　行きたい場所を、きいたり言ったりしてみよう！

　　　　　の部分に、場所を入れかえて言ってみましょう。

❶ **Do you want to go to the** nurse's office **?**　❷ **Yes, I do.**
保健室に行きますか？　　　　　　　　　　　　　　　　　はい、そうします。

❸ **May I go to the** rest room **?**　　　　　　　　　❹ **Certainly.**
トイレに行ってもいいですか？　　　　　　　　　　　　いいですよ。

病気の言い方は、体の英単語に似ています。18〜19ページの英単語を覚えておくと、スムーズに覚えることができるでしょう。　　87

# 自分をしょうかいしよう

▶ **Self-introduction**

ここでは、自分の好きなこと（もの）や、きらいなこと（もの）を発表する練習をしていきます。また、友だちや身近な人に、「Do you like ～?」という表現を使って質問してみましょう。

**CD 53** CDをききながら言ってみよう！

**1**
Hello. I'm Takumi.
こんにちは。ぼくは、たくみです。
I like baseball. Thank you.
ぼくは、野球が好きです。ありがとう。

**2**
Hello. I'm Misaki.
こんにちは。わたしは、みさきです。
I like cats. I like apples.
ネコが好きです。リンゴが好きです。
Thank you.
ありがとう。

**3**
Hello. I'm Daiki.
こんにちは。ぼくは、だいきです。
I like trains. I don't like cockroaches. Thank you.
電車が好きです。ゴキブリがきらいです。ありがとう。

🏠 **おうちの方へ** 英語では、自分をしょうかいした後やスピーチの後などに「Thank you.」と言います。これは、「聞いてくれてありがとう。」という意味合いで、自分の話を聞いてくれたことに対する感謝の表現です。

自分をしょうかいしよう ▶ Self-introduction

### ステップアップ

## 友だちにきいてみよう！

CD 54

☐ の中に動物や食べ物などの名前を入れて、友だちの好き・きらいをきいてみましょう。

**❶ Do you like pandas ?**
パンダは好きですか？

**❷ Yes, I do.**
はい、好きです。

**❸ Do you like snakes ?**
ヘビは好きですか？

**❹ No, I don't.**
いいえ、好きではありません。

**❺ Do you like hamburgers ?**
ハンバーガーは好きですか？

**❻ Do you like carrots ?**
にんじんは好きですか？

**❼ Do you like airplanes ?**
飛行機は好きですか？

**❽ Do you like swimming ?**
水泳は好きですか？

🏠 **おうちの方へ**　「like」を使うとき、食べ物（おもにくだものや野菜）や生き物などは、単語の後ろに複数を表す「～s (əs)」を付けます（例外もあります）。まず、上の例文をしっかり覚えて、だんだんと慣れていってください。

# 朝ごはん、何食べる？

▶ **What do you have for breakfast?**

CD 55　CDをききながら言ってみよう！

ふだん、朝ごはんに何を食べているのかを友だちや身近な人にきいたり、答えたりしてみましょう。「What do you have for〈朝食〉?」は、カッコの中を昼食や夕食にかえて聞くこともできます。

**①　What do you have for breakfast?**
朝ごはんは、何を食べますか？

**②　I have rice and *miso* soup.**
ご飯と、みそしるです。

**③　I have bread, a fried egg and yogurt.**
パン、目玉焼き、ヨーグルトを食べます。

食べ物の英単語は、12～13ページ、14～17ページを参考にしてみてください。

朝ごはん、何食べる？ ▶ What do you have for breakfast?

## ステップアップ

### 昼食や夕食は何を食べている？

**CD 56**

友だちが昼食や夕食に何を食べているかきいてみたり、□の中にメニューを入れかえて答えてみましょう。

**1**

❶ **What do you have for lunch?**
昼ごはんは、何を食べますか？

❷ **I have** ☐ a hamburger ☐ **and** ☐ a salad ☐ **.**
ハンバーグとサラダを食べます。

**2**

❸ **What do you have for dinner?**
夕ごはんは、何を食べますか？

❹ **I have** ☐ curry and rice ☐ **.**
カレーライスを食べます。

**おうちの方へ**　「AとB」と英語で言う場合は、「A and B」と表現します。「AとBとC」は、「A, B and C」と言います。単語がいくつならんでもカンマで区切り、「and」は、最後の単語の前に1回だけ使います。

⚠ 英語では、ハンバーガーもハンバーグも「hamburger」と言います。どちらの場合でも使えますので、覚えておいてください。

# できること・できないこと

▶ **I can play soccer.**

自分にできること・できないことを、英語で言えるようにしてみましょう。「〜ができる」「〜ができない」という英語の表現は、「I can 〜 .」「I can't 〜 .」と言います。

CD 57　CDをききながら言ってみよう！

**1**
**I can play soccer.**
ぼくはサッカーができます。

**2**
**I can fly.**
わたしは飛ぶことができます。

**3**
**I can't play the piano.**
わたしはピアノがひけません。

**4**
**I can't skate.**
ぼくはスケートができません。

できること・できないこと ▶ I can play soccer.

## ステップアップ　どんなことができる？　できない？

CD 58

「I can ～ .」「I can't ～ .」には決まりがあります。次のことを覚えておくと、できること・できないことがもっと表現できるようになります。

**can**

…▶ ski, skate, swim, fly など
例文 **I can ski .**

…▶ play ＋スポーツ（おもに球技 soccer, baseball, badminton, tennis など）
例文 **I can play soccer .**

…▶ do ＋武道（おもに日本のスポーツ judo, karate, kendo など）
例文 **I can do judo .**

…▶ play the ＋楽器
例文 **I can play the piano .**

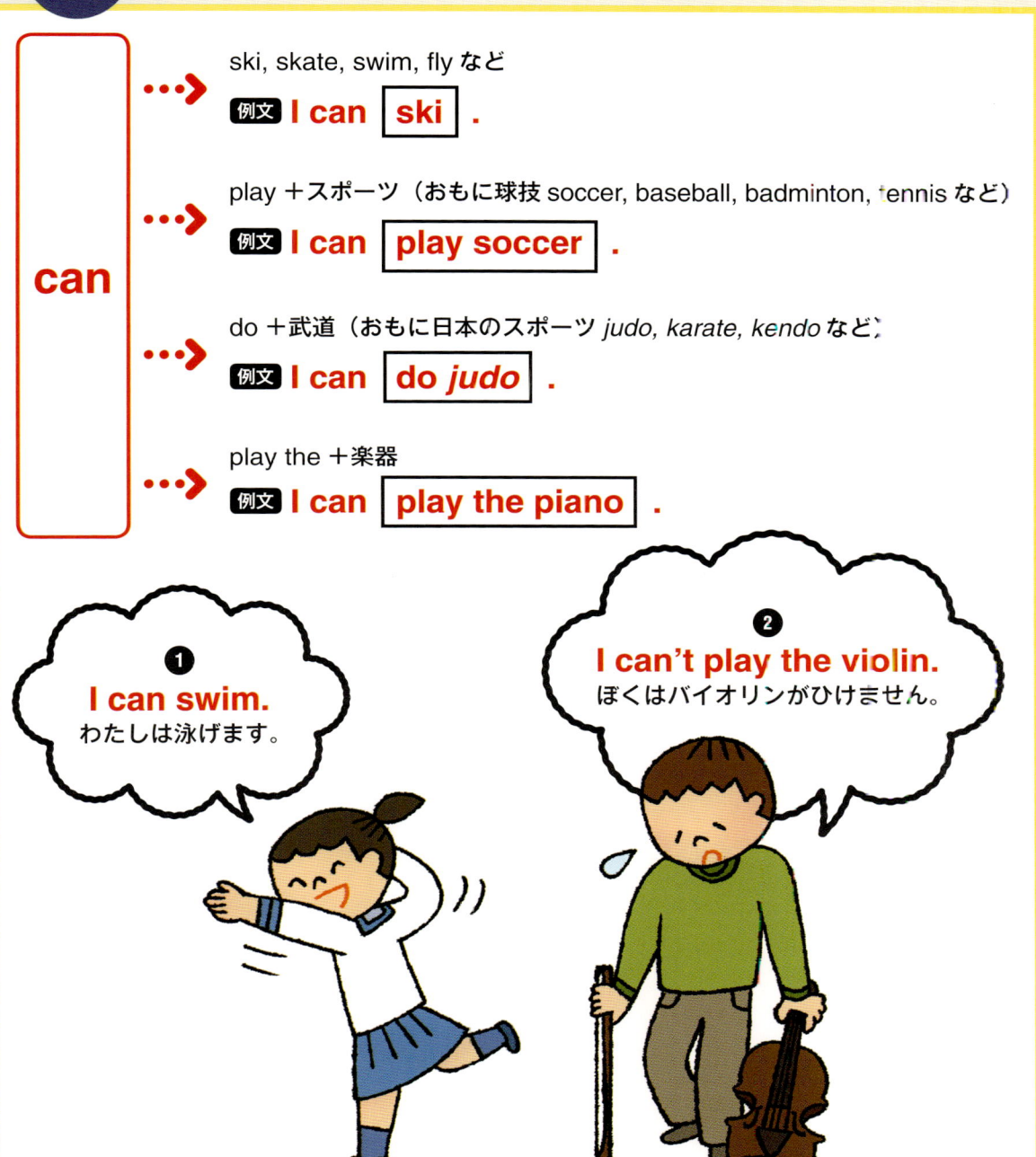

❶ **I can swim.**
わたしは泳げます。

❷ **I can't play the violin.**
ぼくはバイオリンがひけません。

**おうちの方へ**　「I can play soccer.」と「I like soccer.」のように、「can（できる）」と「like（好き）」という英語は、意味のちがいを混同しがちです。また、どの程度であれば「できる（can）」と言えるのか、なやむこともあります。そのため、導入では、できるか・できないか、はっきりしやすいことから学んでいくとよいでしょう。

# スキーはできますか？

▶ **Can you ski?**

ここでは、「Can you ～？」の使い方を練習していきます。「can」には、93ページでしょうかいしたように、決まりがあります。しっかり覚えて、できることを友だちにきいてみましょう。

CD "59" CDをききながら言ってみよう！

## 1 Can you ☐ ?

**❶ Can you ski ?**
スキーはできますか？

☐ の中に入れられる動作を表す単語には、次のようなものがあります。

**❷ swim**
泳ぐ

**❸ skate**
スケート

**❹ jump rope**
なわとび

## 2 Can you play ☐ ?

**❺ Can you play tennis ?**
テニスはできますか？

☐ の中に入れられる動作を表す単語には、次のようなものがあります。

**❻ soccer**
サッカー

**❼ basketball**
バスケットボール

**❽ dodge ball**
ドッジボール

**❾ softball**
ソフトボール

**❿ handball**
ハンドボール

**⓫ badminton**
バドミントン

☐ の中に入る単語の決まりは、93ページのステップアップでもしょうかいしています。

スキーはできますか？ ▶ Can you ski?

## 3  Can you do ▭ ?

**⑫ Can you do** `kendo` **?**
けん道はできますか？

▭ の中に入れられる動作を表す単語には、次のようなものがあります。

⑬ **judo** じゅう道　⑭ **sumo** すもう　⑮ **karate** 空手　⑯ **aikido** 合気道

## 4  Can you play the ▭ ?

**⑰ Can you play the** `guitar` **?**
ギターをひけますか？

▭ の中に入れられる動作を表す単語には、次のようなものがあります。

⑱ **piano** ピアノ　⑲ **violin** バイオリン　⑳ **recorder** リコーダー　㉑ **harmonica** ハーモニカ

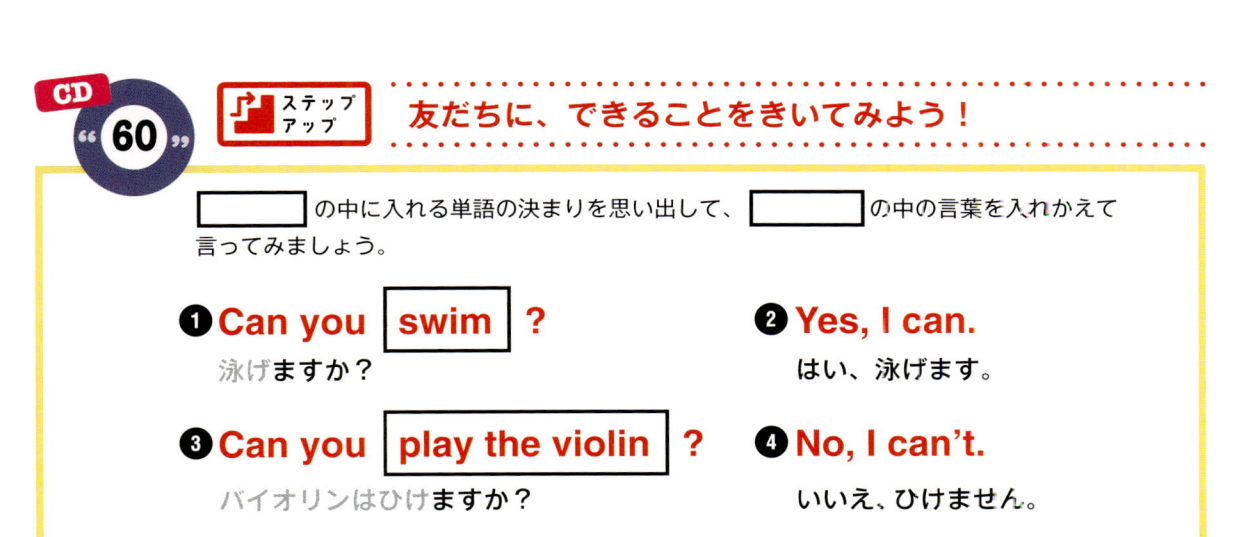

---

**CD 60**　ステップアップ　友だちに、できることをきいてみよう！

▭ の中に入れる単語の決まりを思い出して、▭ の中の言葉を入れかえて言ってみましょう。

❶ **Can you** `swim` **?**
泳げますか？

❷ **Yes, I can.**
はい、泳げます。

❸ **Can you** `play the violin` **?**
バイオリンはひけますか？

❹ **No, I can't.**
いいえ、ひけません。

95

# 時間割
## ▶Timetable

授業の時間割をきいたり、答えたりしてみましょう。教科と曜日の英語の言い方を思い出しながら、何曜日に何の授業があるのか、「Do you have〈教科〉on〈曜日〉?」というように質問していきます。

**CD 61** CDをききながら言ってみよう！

**1. Do you have Japanese on Tuesday?**
国語は火曜日にありますか？

**2. Yes, I do.**
はい、あります。

**5. Do you have social studies on Monday?**
社会科は月曜日にありますか？

教科の言い方は60〜61ページ、曜日の言い方は34〜35ページを見てみましょう。

時間割 ▶ Timetable

**Do you have math on Thursday?**
算数は木曜日にありますか？

**No, I don't.**
いいえ、ありません。
**I have math on Friday.**
金曜日にあります。

**Yes. I have social studies on Monday and Wednesday.**
はい。社会科は、月曜日と水曜日にあります。

# たんじょう日

▶ **When is your birthday?**

CD 62 　CDをききながら言ってみよう！

「たんじょう日はいつ?」という言い方と答え方を覚えていきます。月だけを答える場合は、「In〈月の名前〉.」、日付まで答える場合は、「It's〈月〉〈日〉.」と言います。自分のたんじょう日の言い方を覚えておくことがポイントです。

**1** **Hi,** こんにちは、 **when is your birthday?** あなたのたんじょう日は、いつですか？

**2** **In January.** 1月です。

**3** **When is your birthday?** あなたのたんじょう日は、いつですか？

**4** **It's March twenty-sixth.** 3月26日です。

月の言い方は44〜46ページ、日にちの言い方は48〜49ページを見てみましょう。

たんじょう日 ▶ When is your birthday?

**Hello.**
こんにちは。
**When is your birthday?**
あなたのたんじょう日は、いつですか？

**My birthday is June eighth.**
わたしのたんじょう日は、6月8日です。

**When is your birthday?**
あなたのたんじょう日は、いつですか？

**My birthday is August thirteenth.**
ぼくのたんじょう日に、8月13日です。

**Thank you.**
ありがとう。
**Good-bye.**
さようなら。

# 買い物へ行こう！ 1

▶ **Let's go shopping!**

ここでは、買い物ゲームをしながら、「○○はありますか？」という表現を練習していきます。自分の好きな色や衣服を、相手にしっかりと伝えられるようになると、買い物ゲームがより楽しくなるはずです。

**CD 63** CDをききながら言ってみよう！

**1**
**Excuse me.**
すみません。
**Do you have blue caps?**
青色のぼうしはありますか？

**2**
**Yes. Here you are.**
あります。はい、どうぞ。

**3**
**Thank you.**
ありがとう。

**4**
**Hello.**
こんにちは。
**Do you have pink T-shirts?**
ピンク色のティーシャツはありますか？

**5**
**No. Sorry.**
ありません。ごめんね。

**6**
**O.K. Bye!**
わかりました。さようなら。

買い物へ行こう！ 1 ▶ Let's go shopping!

## ステップアップ 友だちにきいたり、答えたりしよう

CD 64

□ の中に衣服の名前や色の名前を入れかえて言ってみましょう。

### 1  Do you have 衣服の名前 ?

❶ **Do you have skirts ?**
スカートをもっていますか？

❷ **Yes, I do.**
はい、もっています。

❸ **No, I don't.**
いいえ、もっていません。

**おうちの方へ**　「Do you have〈衣服〉?」と聞くときの衣服の英単語には、複数を表す「〜s(es)」を付けます。また、きかれた衣服をもっているかどうかを答えるときは「Yes.」か「No.」だけで答えてもだいじょうぶです。

### 2  Do you have 色の名前 衣服の名前 ?

❹ **Do you have green T-shirts ?**
緑色のティーシャツをもっていますか？

### 3  何をもっていますか？

❺ **What do you have?**
何をもっていますか？

❻ **I have a yellow T-shirt and a black cap .**
黄色のティーシャツと黒のぼうしをもっています。

❼ **I have purple pants and orange socks .**
むらさき色のズボンとオレンジ色のくつ下をもっています。

**おうちの方へ**　「I have a yellow T-shirt and a black cap.」のように、1つしか衣服をもっていない場合は、単語の前に単数を表す「a(an)」を入れます。いくつかもっている場合は、単語の後ろに複数を表す「〜s(es)」を付けます。

色の言い方は8〜9ページ、衣服の言い方は36〜37ページを見てみましょう。

# 買い物へ行こう！ 2

## ▶Let's go shopping!

ファストフード店での買い物の仕方を練習していきます。「○○をください」、「いくらですか？」という表現を覚えておくと、いろいろな買い物の場面でも使えます。

**CD 65** CDをききながら言ってみよう！

**1 Hello.**
こんにちは。
**Can I have orange juice?**
オレンジジュースをください。

**2 O.K.**
はい。
**Which one?**
どれにしますか？

**3 Medium, please.**
Mサイズをください。

🏠 **おうちの方へ**

「Can I have ～？」の表現を使う場合は、単語の前に「a（an）」という冠詞や、単語の後ろに複数を表す「～s（es）」を付けることがあります（例外もあります）。ハンバーガーを1つ注文する場合は「a hamburger」になりますし、フライドポテトは「French fries」、チキンの場合は「chicken」と言います。飲み物は、数えられない名詞なので何も付けません。

買い物へ行こう！ 2 ▶ Let's go shopping!

**4** How much?
いくらですか？

**5** 300 yen, please.
300円です。

**6** Here you are.
はい、どうぞ。

**7** Thank you.
ありがとう。

CD 66 ステップアップ 「Can I have ~ ?」を覚えよう！

☐ の中に注文したいものを入れて言ってみましょう。

❶ Can I have  apple juice  ?
リンゴジュースをください。

❷ Can I have  a cheeseburger  and  French fries  ?
チーズバーガー1つと、フライドポテトをください。

103

# 何が食べたい?
## ▶ What would you like?

いま何を食べたいと思っているかを、身近な人に英語できいてみましょう。ステップアップでは、食べ物をすすめるときの言い方と答え方を練習していきます。

**CD 67** CDをききながら言ってみよう!

**1. What would you like?**
何が食べたいですか?

**2. I'd like *sushi*.**
すしが食べたいです。

**3. What would you like?**
何が食べたいですか?

**4. I'd like Chinese noodles and strawberries.**
ラーメンとイチゴが食べたいです。

食べ物の英単語は、12〜13ページ、14〜17ページを参考にしてみてください。

何が食べたい？ ▶ **What would you like?**

## ステップアップ

### 食べ物をすすめられたときは？

**CD 68**

□の中に、いろいろな食べ物、飲み物を入れかえて言ってみましょう。

❶ **Would you like some coffee ?**
コーヒーはいかがですか？

❷ **Yes, please.**
ええ、お願いします。

❸ **No, thank you.**
いりません、ありがとう。

□に入る英単語の例です。

❹ **sandwiches**
サンドイッチ

❺ **milk**
牛にゅう

❻ **ice cream**
アイスクリーム

❼ **salad**
サラダ

**おうちの方へ**
何かをすすめられたときに、それをもらう場合は、相手へのていねいな表現として、「please」を付けるのがマナーです。英語を話す国では、小さい時からこれをしつけられます。断る場合は、相手への感謝の気持ちを表す「Thank you.」も、わすれずに言いましょう。また、おかわりをすすめるときは、「How about some more *miso* soup?」（みそしるをもう少しいかがですか？）などのように言います。

# いま何時?

## What time is it now?

「What time is it now?」、「It's 〜 .」（○時○分です。）という言い方を練習していきます。時間を言うときには、数字の言い方が大事になってきますので、しっかり覚えておきましょう。

CD 69　CDをききながら言ってみよう!

**1** What time is it now?
いま何時ですか？

**2** It's ten o'clock.
10時です。

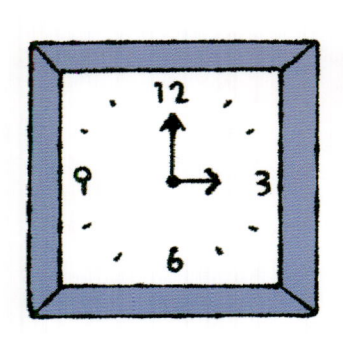

**3** What time is it now?
いま何時ですか？

**4** It's three o'clock.
3時です。

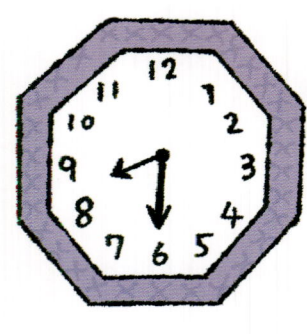

**5** What time is it now?
いま何時ですか？

**6** It's eight thirty.
8時30分です。

数字の言い方は、11ページ、39〜41ページを参考にしてください。

いま何時？ ▶ What time is it now?

## ステップアップ もっと細かい時間の言い方は？

CD "70"

時計の文字ばんを見ながら、細かい時間の言い方を覚えていきましょう。
「It's〈時〉〈分〉.」が基本になります。

❶ It's one fifteen.
1時15分です。

❷ It's six fifty.
6時50分です。

❸ It's twelve thirty-five.
12時35分です。

❹ It's eleven twenty.
11時20分です。

**おうちの方へ** 時間を表すときは、「数字〈時〉＋数字〈分〉」なので、「10時15分」の場合は、「ten fifteen」と言います。ただし、「10時（ちょうど）」の場合は、「ten o'clock」と言います。または、「It's just ten.」のような言い方もします。

# 朝
## ▶ Morning

CD 71
CDをききながら言ってみよう！

あなたは、朝何時に起きますか？　朝起きてから学校に行くまでにすることを、英語で言ってみましょう。ステップアップでは、「〇時〇分に朝ごはんを食べます。」という言い方を練習します。

1. **I get up at seven o'clock.**
ぼくは7時に起きます。

2. **I have breakfast at seven twenty.**
わたしは7時20分に朝ごはんを食べます。

時間の言い方は106〜107ページを見てみましょう。数字の言い方は、11ページ、39〜41ページを参考にしてください。

朝 ▶ Morning

**I go to school at eight o'clock.**
ぼくは8時に学校に行きます。

### ステップアップ

I have [朝ごはん] at [時間] .

朝ごはん・昼ごはん・夕ごはんを1つ目の [　] の中に入れ、2つ目の [　] に時間を入れて言ってみましょう。

CD 72

❶ I have [breakfast] at [seven o'clock] .
わたし（ぼく）は、7時に朝ごはんを食べます。

❷ I have [lunch] at [twelve fifteen] .
わたし（ぼく）は、12時15分に昼ごはんを食べます。

❸ I have [dinner] at [seven thirty] .
わたし（ぼく）は、7時30分に夕ごはんを食べます。

# 昼間
▶ **Daytime**

CD "73"
CDをききながら言ってみよう！

ここでは、授業のことや、給食のことなど、学校での生活を英語で言ってみましょう。○時○分という時間の言い方のほかに、○時間目、放課後、という表現もしょうかいしていきます。

**1** **I have class from eight fifty.**
わたしは、8時50分から授業があります。

**2** **I have p.e. third period.**
ぼくは、3時間目に体育があります。

時間の言い方は106〜107ページを見てみましょう。教科の言い方は、60〜61ページを参考にしてください。

昼間 ▶ Daytime

**③ I have lunch at noon.**
ぼくは、正午に昼ごはんを食べます。

**④ I play basketball after school.**
わたしは、放課後にバスケットボールをします。

---

**ステップアップ** 休日の昼間はどんなことをしている？

ここでは、サッカーの練習やイヌの散歩を例文にしています。

**❶ I practice soccer from ten o'clock.**
わたし（ぼく）は、10時からサッカーの練習があります。

**❷ I go for a walk with my dog at around three thirty.**
わたし（ぼく）は、3時30分ごろにイヌと散歩に行きます。

# 夕方と夜

▶ **Evening and Night**

学校が終わってから、夜、ねるまでにすることを英語で言ってみましょう。○時○分というはっきりした時間の言い方ではなく、○時ごろという、だいたいの時間を表す言い方も知っておくと便利です。

**CD "75"** CDをききながら言ってみよう！

**1**
**I come home at around four o'clock.**
わたしは4時ごろ帰ります。

**2**
**I go to *juku* at five thirty.**
ぼくは5時30分にじゅくに行きます。

時間の言い方は106～107ページを見てみましょう。
数字の言い方は、11ページ、39～41ページを参考にしてください。

夕方と夜 ▶ Evening and Night

**3**
**I take a bath at nine o'clock.**
ぼくは9時におふろに入ります。

### ステップアップ 何時に何をしているか、きいてみよう！

CD 76

**1** ☐ の中の言葉を入れかえて言ってみましょう。

❶ **What time do you** ☐ **go to bed** **?**
何時にねますか？

❷ **I** ☐ **go to bed** **at ten o'clock.**
わたし（ぼく）は、10時にねます。

**2** ○時ごろに、と言うときは？

❸ **I do my homework** ☐ **at around six o'clock** **.**
わたし（ぼく）は、6時ごろに宿題をします。

❹ **I watch TV** ☐ **at around eight thirty** **.**
わたし（ぼく）は、8時30分ごろにテレビを見ます。

# どこに行くの?

## ▶ Where are you going?

**CD 77** CDをききながら言ってみよう！

だれかが出かける様子のとき、英語では「Where are you going?」とききます。ここでは、「To the 〜 .」（○○へ行きます。）のように、行き先を答える言い方を覚えていきます。

**1** Where are you going?
どこに行くの？

**2** To the supermarket.
スーパーマーケットに行ってくるね。

**3** Where are you going?
どこに行くの？

**4** To the park.
公園に行くんだ。

行き先の例として、58〜59ページ、62〜63ページを参考にしてください。

どこに行くの？ ▶ **Where are you going?**

**⑤ Where are you going?**
どこに行くの？

**⑥ To the amusement park.**
遊園地に行くんだ。
**See you.**
またね。

## ステップアップ 覚えておきたいちょっとした一言

ふだんから使えるようにしておくと、友だちや身近な人との親しさが増す言葉をしょうかいします。

CD 78

病院に行く場合：**To the hospital.**

- ❶ **Take care.** おだいじに。
- ❷ **Thank you.** ありがとう。

遊園地に行く場合：**To the amusement park.**

- ❸ **Have a good time!** 楽しんできてね。
- ❹ **Thank you.** ありがとう。

# 道案内をしよう！

## ▶ Directions

ここでは、英語で道案内をします。まず、「Where is the ～?」（○○はどこですか?）という言い方を覚えましょう。まっすぐ行く、右や左へ曲がるなど、動きを示す言葉もしょうかいしていきます。

**CD 79** CDをききながら言ってみよう！

**1**
**Excuse me.**
すみません。
**Where is the convenience store?**
コンビニエンスストアはどこですか？

**2**
**Go straight.**
まっすぐ行ってください。
**Turn left, and go straight.**
**It's on your left.**
左に曲がってまっすぐ行くと、左側にあります。

**3**
**Thank you.**
ありがとう。

**4**
**You're welcome.**
どういたしまして。

🏠 **おうちの方へ** 「Thank you.」と言われたら、「You're welcome.」と返すようにしてみましょう。「You're welcome.」は、スムーズなコミュニケーションを図るために、覚えておきたいフレーズです。

道案内をしよう！ ▶Directions

**Go straight two blocks.**
まっすぐ２ブロック行ってください。
**Turn right.**
**It's on your right.**
右に曲がると、右側にあります。

**Excuse me.**
すみません。
**Where is the train station?**
駅はどこですか？

**Thank you.**
ありがとう。

**You're welcome.**
どういたしまして。

CD 80

ステップアップ　覚えておくと便利な方向と動きを表す英単語

| ❶ **go** 行く | ❷ **straight** まっすぐ | ❸ **turn** 方向を変える |
|---|---|---|
| ❹ **stop** 止まる | ❺ **left** 左の、左へ、左側の | ❻ **right** 右の、右へ、右側の |

# 行ってみたい国

▶ **Where do you want to go?**

世界にはたくさんの国がありますが、あなたはどの国に行ってみたいですか？　ここでは、自分の行ってみたい国の名前と、その国に行きたい理由を英語で言えるように練習していきましょう。

CD "81" CDをききながら言ってみよう！

**① Where do you want to go?**
どの国に行ってみたいですか？

**② I want to go to Italy,**
イタリアに行ってみたいです。
**because I like pizza.**
ピザが好きだからです。

**おうちの方へ**　ここでは、いろいろな国の名所や名物などへの興味を広げられるようにしたいものです。理由を言うときには、「because」を使います。自分の思っていることが伝えられると、話の輪も広がって楽しいでしょう。

118　国の言い方は、64〜65ページを見てみましょう。

行ってみたい国 ▶ **Where do you want to go?**

**3**

**Where do you want to go?**
どの国に行ってみたいですか？

**4**

**I want to go to China,**
中国に行ってみたいです。
**because I like pandas.**
パンダが好きだからです。

**5**

**I want to go to Egypt,**
エジプトに行ってみたいです。
**because I like pyramids.**
ピラミッドが好きだからです。

**6**

**I want to go to Australia,**
オーストラリアに行ってみたいです。
**because I like koalas.**
コアラが好きだからです。

# 英単語さくいん CD "82"

英会話などで、複数形（2つ以上のときの表現）にする可能性の高いものには、単語の後ろに、カッコで「～s(es)」を付けています。例外として、「butterfly」など複数形の表記が少し変わる場合は、「butterflies」と、2つならべています。CDには、複数形の単語のみ、しゅう録されています。発音の仕方も単数形とはちがいますので、CDをよくきいてみましょう。

## A

| | |
|---|---|
| after school | 111 |
| *aikido* | 95 |
| airplane(s) | 89 |
| amusement park | 115 |
| anchor | 79 |
| animal(s) | 69 |
| ant(s) | 24 |
| apple(s) | 12, 88 |
| apple juice | 103 |
| April | 44 |
| arts and crafts | 61 |
| August | 45, 99 |
| aunt | 53 |
| Australia | 64, 119 |
| autumn | 47 |

## B

| | |
|---|---|
| back | 18 |
| backache | 87 |
| badminton | 31, 94 |
| bag(s) | 36 |
| bakery | 62 |
| ball-point pen(s) | 85 |
| banana(s) | 12 |
| bank | 62 |
| baseball | 30, 88 |
| basketball | 30, 94, 111 |
| bathroom | 55 |
| bath towel | 55 |
| bathtub | 55 |
| bear(s) | 21 |
| beautiful | 78 |
| bed | 55 |
| beef | 15 |
| beetle(s) | 24 |
| big | 56 |
| birthday | 98, 99 |
| black | 8, 9, 101 |
| blanket | 55 |
| blue | 8, 9, 37, 100 |
| bookstore | 62 |
| bowling | 33 |
| Brazil | 65 |
| bread | 16, 90 |
| breakfast | 90, 108, 109 |

| | |
|---|---|
| brother | 52 |
| brown | 9 |
| bus stop | 62 |
| butter | 14 |
| butterfly(butterflies) | 24 |
| button(s) | 10 |

## C

| | |
|---|---|
| cabbage | 14 |
| cafe | 62 |
| cake | 16 |
| calligraphy | 61 |
| Canada | 65 |
| cap(s) | 36, 37, 100, 101 |
| carrot(s) | 89 |
| carry | 29 |
| cat(s) | 20, 88 |
| catch | 29 |
| chair | 54 |
| chameleon(s) | 23 |
| cheese | 14 |
| cheeseburger(s) | 103 |
| cheetah(s) | 23 |
| cherry(cherries) | 13 |
| cherry blossom(s) | 47 |
| chicken | 15 |
| child(children) | 69 |
| Children's Day | 45 |
| chimpanzee(s) | 23 |
| China | 64, 119 |
| Chinese noodle(s) | 104 |
| Christmas | 46 |
| circle | 42 |
| city hall | 63 |
| classroom | 58 |
| closet | 55 |
| cloudy | 50 |
| cockroach(es) | 88 |
| coffee | 105 |
| cold | 51, 77 |
| colored pencil(s) | 85 |
| compasses | 85 |
| computer programmer | 68 |
| computer room | 59 |
| convenience store | 62, 116 |
| cooking room | 59 |
| cool | 51 |

| | |
|---|---|
| country(countries) | 65 |
| cousin | 53 |
| crayon(s) | 85 |
| cream puff(s) | 79 |
| cricket(s) | 24 |
| cucumber(s) | 14 |
| cup(s) | 55 |
| curry and rice | 91 |
| cycling | 33 |

## D

| | |
|---|---|
| dark | 57 |
| day(s) | 35 |
| December | 46 |
| deep | 57 |
| dentist | 68 |
| department store | 63 |
| desk | 55 |
| diamond | 43 |
| dining room | 54 |
| dinner | 91, 109 |
| doctor | 66 |
| dodge ball | 31, 94 |
| dog(s) | 20, 111 |
| Doll's Festival | 44 |
| dolphin(s) | 26 |
| doughnut(s) | 17 |
| dragonfly(dragonflies) | 25 |
| dress(es) | 36 |
| drugstore | 63 |

## E

| | |
|---|---|
| ear(s) | 19 |
| earthworm(s) | 24 |
| egg(s) | 15 |
| Egypt | 64, 119 |
| eight | 11 |
| eighteen | 11 |
| eighteenth | 49 |
| eighth | 48, 99 |
| eighty | 41 |
| eighty-eight | 41 |
| eighty-five | 41 |
| eighty-four | 41 |
| eighty-nine | 41 |
| eighty-one | 41 |
| eighty-seven | 41 |

120

| | |
|---|---|
| eighty-six | 41 |
| eighty-three | 41 |
| eighty-two | 41 |
| elephant(s) | 21 |
| eleven | 11 |
| eleventh | 48 |
| English | 61, 78 |
| entrance ceremony | 44 |
| eraser(s) | 84 |
| excursion | 46 |
| eye(s) | 19 |

## F

| | |
|---|---|
| fall | 47 |
| fast | 57 |
| father | 53 |
| February | 44 |
| fifteen | 11 |
| fifteenth | 49 |
| fifth | 48 |
| fifty | 39 |
| fifty-eight | 40 |
| fifty-five | 40 |
| fifty-four | 40 |
| fifty-nine | 40 |
| fifty-one | 40 |
| fifty-seven | 40 |
| fifty-six | 40 |
| fifty-three | 40 |
| fifty-two | 40 |
| fine | 77 |
| finger(s) | 18 |
| fire fighter | 66 |
| fire station | 63 |
| first | 48 |
| fish | 15 |
| five | 10, 11 |
| flamingo(es) | 22 |
| flight attendant | 67 |
| flower | 54 |
| fly | 92 |
| foggy | 51 |
| forty | 39 |
| forty-eight | 39 |
| forty-five | 39 |
| forty-four | 39 |
| forty-nine | 39 |
| forty-one | 39 |
| forty-seven | 39 |
| forty-six | 39 |
| forty-three | 39 |
| forty-two | 39 |
| four | 11 |
| fourteen | 11 |
| fourteenth | 49 |
| fourth | 48 |
| France | 64 |
| French fries | 79, 103 |
| Friday | 35, 97 |
| fried egg(s) | 90 |
| frog(s) | 25 |

## G

| | |
|---|---|
| gas station | 63, 79 |
| Germany | 64 |
| giraffe(s) | 21 |
| glad | 57 |
| glass(es) | 55 |
| glue | 85 |
| go | 116, 117, 118, 119 |
| gold | 9 |
| golf | 32 |
| good | 77 |
| gorilla(s) | 22 |
| grandma | 52 |
| grandpa | 52 |
| grape(s) | 13 |
| grapefruit(s) | 13 |
| grasshopper(s) | 25 |
| gray | 9 |
| great | 77 |
| green | 8, 37, 101 |
| green caterpillar(s) | 24 |
| guitar | 95 |
| gym | 59 |

## H

| | |
|---|---|
| hair | 19 |
| hair dresser | 68 |
| Halloween | 46 |
| hamburger(s) | 17, 89, 91 |
| hamster(s) | 20 |
| hand | 18 |
| handball | 94 |
| happy | 77 |
| hard | 56 |
| harmonica | 95 |
| head | 18, 19 |
| headache | 86 |
| heart | 43 |
| heavy | 56 |
| hip(s) | 18 |
| hippo(s) | 21 |
| home economics | 61 |
| homework | 113 |
| hospital | 63 |
| hot | 51, 77 |
| hot dog(s) | 17 |
| hotel | 63 |

## I

| | |
|---|---|
| I | 52, 82 |
| ice cream | 105 |
| India | 64 |
| Italy | 64, 118 |

## J

| | |
|---|---|
| January | 44, 98 |
| Japan | 64, 65 |
| Japanese | 60, 96 |
| jellyfish | 27 |
| *judo* | 31, 95 |
| juice | 17 |
| July | 45 |
| jump | 29 |
| jump rope | 94 |
| June | 45, 99 |

## K

| | |
|---|---|
| kangaroo(s) | 23 |
| *karate* | 95 |
| *kendo* | 30, 95 |
| kettle(s) | 55 |
| key ring(s) | 79 |
| kitchen | 55 |
| kitchen knife (kitchen knives) | 55 |
| kiwi fruit(s) | 12 |
| knee(s) | 18 |
| koala(s) | 23, 119 |

## L

| | |
|---|---|
| large | 57 |
| lawyer | 66 |
| left | 116, 117 |
| library | 59, 62 |
| light | 54, 56, 57 |
| light blue | 9 |
| lion(s) | 22 |
| little | 56 |
| living room | 54 |
| lizard(s) | 25 |
| lobster(s) | 26 |
| lunch | 91, 109, 111 |

## M

| | |
|---|---|
| mango(es) | 12 |
| mantis(es) | 24 |
| marathon | 33 |
| marble(s) | 38 |
| March | 44, 98 |
| math | 60, 97 |
| May | 45 |

121

| | | |
|---|---|---|
| meat … 15 | orange juice … 102 | rest room … 59, 79, 87 |
| mechanical pencil(s) … 79 | **P** | rice … 90 |
| melon(s) … 12 | palm(s) … 18 | right … 117 |
| milk … 15, 105 | pan(s) … 55 | rock … 80 |
| *miso* soup … 90 | panda(s) … 23, 89, 119 | ruler(s) … 85 |
| mole(s) … 20 | pants … 36, 101 | run … 28 |
| Monday … 34, 35, 96, 97 | paper … 80 | Russia … 64 |
| monkey(s) … 21 | parents … 53 | **S** |
| mosquito(es) … 25 | park … 114 | sad … 57, 77 |
| mother … 53 | p.e. … 61, 110 | salad … 16, 91, 105 |
| mouth … 19 | peach(es) … 12 | salt … 15 |
| mug(s) … 78 | pencil(s) … 10, 85 | sandwich(es) … 17, 105 |
| muggy … 51 | pencil case(s) … 85 | Saturday … 35 |
| music … 61 | pencil sharpner(s) … 85 | school … 109 |
| music room … 58 | penguin(s) … 22 | science … 60 |
| my room … 55 | pentagon … 43 | science room … 59 |
| **N** | persimmon(s) … 47 | scissors … 80 |
| name … 75 | piano … 92, 95 | sea horse(s) … 27 |
| neck … 19 | pig(s) … 21 | seal(s) … 27 |
| New Year's Day … 44 | pigeon(s) … 20 | sea urchin(s) … 27 |
| nine … 11 | pillow … 55 | second … 48 |
| nineteen … 11 | pilot … 66 | September … 46 |
| nineteenth … 49 | pineapple(s) … 13 | seven … 11 |
| ninety … 41 | ping-pong … 32 | seventeen … 11 |
| ninety-eight … 41 | pink … 8, 37, 100 | seventeenth … 49 |
| ninety-five … 41 | pizza … 17, 118 | seventh … 48 |
| ninety-four … 41 | playground … 59 | seventy … 40 |
| ninety-nine … 41 | police box … 63 | seventy-eight … 41 |
| ninety-one … 41 | police officer … 67 | seventy-five … 40 |
| ninety-seven … 41 | police station … 62 | seventy-four … 40 |
| ninety-six … 41 | pork … 15 | seventy-nine … 41 |
| ninety-three … 41 | post office … 62 | seventy-one … 40 |
| ninety-two … 41 | potato(es) … 14 | seventy-seven … 41 |
| ninth … 48 | principal's office … 58 | seventy-six … 41 |
| noon … 111 | pudding … 17 | seventy-three … 40 |
| nose … 19 | pull … 29 | seventy-two … 40 |
| notebook(s) … 85 | purple … 9, 101 | shallow … 57 |
| not so good … 77 | push … 29 | shark(s) … 26 |
| November … 46 | pyramid(s) … 119 | shoe(s) … 36 |
| nurse … 66 | **Q** | short … 56 |
| nursery school teacher … 67 | quiz … 38 | shoulder(s) … 18, 19 |
| nurse's office … 59, 87 | **R** | shower … 55 |
| **O** | rabbit(s) … 20 | silver … 9 |
| October … 46 | rainy … 50 | singer … 68 |
| octopus(es) … 27 | rainy season … 45 | sister … 53 |
| office worker … 68 | recorder … 95 | sit down … 28 |
| okapi(s) … 23 | rectangle … 42 | six … 11 |
| omelet(s) … 16 | red … 8, 9, 37 | sixteen … 11 |
| one … 11 | refrigerator … 55 | sixteenth … 49 |
| one hundred … 41 | remote controller … 54 | sixth … 48 |
| onion(s) … 14 | restaurant … 63 | sixty … 40 |
| orange(s) … 8, 9, 13, 101 | | sixty-eight … 40 |
| | | sixty-five … 40 |

| | | |
|---|---|---|
| sixty-four | 40 | |
| sixty-nine | 40 | |
| sixty-one | 40 | |
| sixty-seven | 40 | |
| sixty-six | 40 | |
| sixty-three | 40 | |
| sixty-two | 40 | |
| skate | 92, 94 | |
| ski | 94 | |
| skiing | 33 | |
| skirt(s) | 36, 37, 101 | |
| slow | 57 | |
| small | 57 | |
| snake(s) | 25, 89 | |
| snowy | 50 | |
| snowy day(s) | 47 | |
| soap | 55 | |
| soccer | 30, 92, 94, 111 | |
| soccer player | 67 | |
| social studies | 60, 96, 97 | |
| sock(s) | 36, 101 | |
| sofa | 54 | |
| soft | 56 | |
| softball | 94 | |
| South Korea | 64 | |
| soy sauce | 15 | |
| spaghetti | 17 | |
| spider(s) | 25 | |
| spring | 47 | |
| square | 42 | |
| squid(s) | 26 | |
| squirrel(s) | 21 | |
| stand up | 28 | |
| stapler(s) | 84, 85 | |
| star | 43 | |
| Star Festival | 45 | |
| starfish | 26 | |
| steak | 16 | |
| stomach | 18 | |
| stomachache | 86 | |
| stop | 117 | |
| stormy | 51 | |
| stove | 55 | |
| straight | 116, 117 | |
| strawberry(strawberries) | 13, 104 | |
| sugar | 15 | |
| summer | 47 | |
| summer vacation | 45 | |
| *sumo* | 95 | |
| Sunday | 34 | |
| sunny | 50, 51 | |
| supermarket | 62, 114 | |
| *sushi* | 104 | |
| sweater(s) | 36, 37 | |

| | | |
|---|---|---|
| sweat shirt(s) | 79 | |
| swim | 93, 94, 95 | |
| swimming | 32, 47, 89 | |
| swimming pool | 58 | |

## T

| | | |
|---|---|---|
| table | 54 | |
| tall | 56 | |
| teacher | 67, 69 | |
| teachers' room | 58 | |
| telephone | 54 | |
| ten | 11 | |
| tennis | 31, 94 | |
| tennis player | 67 | |
| tenth | 48 | |
| Thanksgiving Day | 46 | |
| the United Kingdom | 64 | |
| the United States | 65 | |
| third | 48 | |
| thirteen | 10, 11 | |
| thirteenth | 48, 99 | |
| thirtieth | 49 | |
| thirty | 39 | |
| thirty-eight | 39 | |
| thirty-first | 49 | |
| thirty-five | 39 | |
| thirty-four | 39 | |
| thirty-nine | 39 | |
| thirty-one | 39 | |
| thirty-seven | 39 | |
| thirty-six | 39 | |
| thirty-three | 39 | |
| thirty-two | 38, 39 | |
| three | 11 | |
| throw | 29 | |
| Thursday | 35, 97 | |
| today | 35, 51 | |
| toe(s) | 18 | |
| *tofu* | 15 | |
| tomato(es) | 14 | |
| tooth(teeth) | 19 | |
| toothache | 87 | |
| tortoise(s) | 25 | |
| touch | 19 | |
| train(s) | 88 | |
| train station | 63, 117 | |
| triangle | 42 | |
| T-shirt(s) | 36, 37, 100, 101 | |
| Tuesday | 34, 96 | |
| tuna(s) | 26 | |
| turn | 117 | |
| turtle(s) | 26 | |
| TV | 54, 113 | |
| twelfth | 48 | |

| | | |
|---|---|---|
| twelve | 11 | |
| twentieth | 49 | |
| twenty | 11 | |
| twenty-eight | 39 | |
| twenty-eighth | 49 | |
| twenty-fifth | 49 | |
| twenty-first | 49 | |
| twenty-five | 39 | |
| twenty-four | 39 | |
| twenty-fourth | 49 | |
| twenty-nine | 39 | |
| twenty-ninth | 49 | |
| twenty-one | 38, 39 | |
| twenty-second | 49 | |
| twenty-seven | 39 | |
| twenty-seventh | 49 | |
| twenty-six | 39 | |
| twenty-sixth | 49, 98 | |
| twenty-third | 49 | |
| twenty-three | 39 | |
| twenty-two | 39 | |
| two | 11 | |

## U

| | | |
|---|---|---|
| uncle | 53 | |

## V

| | | |
|---|---|---|
| Valentine's Day | 44 | |
| vase | 54 | |
| vegetable(s) | 14 | |
| vet | 68, 69 | |
| violet | 9 | |
| violin | 93, 95 | |
| volleyball | 32 | |

## W

| | | |
|---|---|---|
| walk | 28 | |
| warm | 51 | |
| weather | 51 | |
| Wednesday | 35, 97 | |
| whale(s) | 27 | |
| white | 8, 9 | |
| windy | 51 | |
| winter | 47 | |

## Y

| | | |
|---|---|---|
| yellow | 8, 9, 101 | |
| yellowish green | 9 | |
| yogurt | 90 | |

## Z

| | | |
|---|---|---|
| zebra(s) | 21 | |

# さくいん

この本の中に出てくるおもな英単語の日本語訳を五十音順にならべました。「オーストラリア」の「ー」のように、のばす記号は、先頭に入れています。数字と1か月は取り上げていませんので、数字は11ページと39～41ページ、1か月は48～49ページを見てください。

## あ

| 合気道 | 95 |
| アイスクリーム | 105 |
| 青色 | 8, 9, 37, 100 |
| アオムシ | 24 |
| 赤色 | 8, 9, 37 |
| 明るい | 57 |
| 秋 | 47 |
| 浅い | 57 |
| 朝ごはん | 90, 108, 109 |
| アザラシ | 27 |
| 足の指、つま先 | 18 |
| あたたかい | 51 |
| 頭 | 18, 19 |
| 頭がいたい | 86 |
| 暑い | 51, 77 |
| 兄 | 52 |
| 姉 | 53 |
| 雨ふりの、雨の多い | 50 |
| アメリカ合しゅう国 | 65 |
| あらしの | 51 |
| アリ | 24 |
| 歩く | 28 |

## い

| イカ | 26 |
| イギリス | 64 |
| 行く | 116, 117, 118, 119 |
| 医者 | 66 |
| いす | 54 |
| イセエビ | 26 |
| イタリア | 64, 118 |
| 1月 | 44, 98 |
| イチゴ | 13, 104 |
| いとこ | 53 |
| イヌ | 20, 111 |
| 居間 | 54 |
| 妹 | 53 |
| イルカ | 26 |

| 色えんぴつ | 85 |
| インド | 64 |

## う

| ウサギ | 20 |
| ウニ | 27 |
| ウミガメ | 26 |
| うれしい | 57, 77 |
| 運動場 | 59 |

## え

| 英語 | 61, 78 |
| 駅 | 63, 117 |
| エジプト | 64, 119 |
| 遠足 | 46 |
| えんぴつ | 10, 85 |
| えんぴつけずり | 85 |

## お

| オーストラリア | 64, 119 |
| 大きい | 56, 57 |
| お母さん | 53 |
| オカピ | 23 |
| おじいさん | 52 |
| おじさん | 53 |
| おす | 29 |
| おそい | 57 |
| お父さん | 53 |
| 弟 | 52 |
| おなかがいたい | 86 |
| おばあさん | 52 |
| おばさん | 53 |
| おはじき | 38 |
| オムレツ | 16, 104 |
| 重い | 56 |
| 泳ぐ | 93, 94 |
| オレンジ | 13 |
| オレンジ色 | 8, 9, 101 |
| オレンジジュース | 102 |
| 音楽 | 61 |

| 音楽室 | 58 |

## か

| カ | 25 |
| 会社員 | 68 |
| カエル | 25 |
| カキ | 47 |
| 歌手 | 68 |
| 風のふく、風の強い | 51 |
| ガソリンスタンド | 63, 79 |
| かた | 18, 19 |
| かたい | 56 |
| 学校 | 109 |
| カップ | 55 |
| 家庭科 | 61 |
| 悲しい | 57, 77 |
| カナダ | 65 |
| カバ | 21 |
| かばん | 36 |
| 花びん | 54 |
| カブトムシ | 24 |
| カマキリ | 24 |
| かみの毛 | 19 |
| カメ | 25 |
| カメレオン | 23 |
| 火曜日 | 34, 96 |
| 空手 | 95 |
| 軽い | 56 |
| カレーライス | 91 |
| カンガルー | 23 |
| かん国 | 64 |
| かん護師 | 66 |
| 感謝祭 | 46 |

## き

| キーホルダー | 79 |
| 黄色 | 8, 9, 101 |
| キウイ | 12 |
| ギター | 95 |
| きっさ店 | 62 |

| | | |
|---|---|---|
| 黄緑色 ... 9 | けん道 ... 30, 95 | 7月 ... 45 |
| 客室乗務員 ... 67 | **こ** | シマウマ ... 21 |
| キャスター ... 79 | コーヒー ... 105 | じめじめする、むし暑い ... 51 |
| キャベツ ... 14 | コアラ ... 23, 119 | シャープペンシル（シャーペン） ... 79 |
| 牛肉 ... 15 | 公園 ... 114 | 社会科 ... 60, 96, 97 |
| 牛にゅう ... 15, 105 | 校長室 ... 58 | じゃがいも ... 14 |
| きゅうり ... 14 | 交番 ... 63 | 市役所 ... 63 |
| 今日 ... 35, 51 | コオロギ ... 24 | シャワー ... 55 |
| 教室 ... 58 | 5月 ... 45 | シュークリーム ... 79 |
| キリギリス ... 25 | 五角形 ... 43 | ジュース ... 17 |
| きりのこい、きりの立ちこめた ... 51 | ゴキブリ ... 88 | じゅう医 ... 68, 69 |
| キリン ... 21 | 国語 ... 60, 96 | 11月 ... 46 |
| 金色 ... 9 | こしがいたい ... 87 | 10月 ... 46 |
| 銀色 ... 9 | コップ ... 55 | じゅう道 ... 31, 95 |
| 銀行 ... 62 | 子ども ... 69 | 12月 ... 46 |
| 金曜日 ... 35, 97 | 子どもの日 ... 45 | 宿題 ... 113 |
| | ご飯 ... 90 | 正月 ... 44 |
| **く** | ゴリラ ... 22 | 定規 ... 85 |
| グー ... 80 | ゴルフ ... 32 | 正午 ... 111 |
| クイズ ... 38 | コンパス ... 85 | 消防士 ... 66 |
| 9月 ... 46 | コンビニエンスストア ... 62, 116 | 消防しょ ... 63 |
| クジラ ... 27 | コンピュータープログラマー ... 68 | しょうゆ ... 15 |
| 口 ... 19 | コンロ ... 55 | 職員室 ... 58 |
| くつ ... 36 | | 書店 ... 62 |
| くつ下 ... 36, 101 | **さ** | 書道 ... 61 |
| 国 ... 65 | サイクリング ... 33 | しり ... 18 |
| 首 ... 19 | 魚 ... 15 | 白 ... 8, 9 |
| クマ ... 21 | 桜の花 ... 47 | |
| クモ ... 25 | サクランボ ... 13 | **す** |
| くもりの、くもった ... 50 | サッカー ... 30, 92, 94, 111 | スーパーマーケット ... 62, 114 |
| 暗い ... 57 | サッカー選手 ... 67 | 水泳 ... 32, 47, 89 |
| クラゲ ... 27 | さとう ... 15 | 水曜日 ... 35, 97 |
| クリスマス ... 46 | 寒い ... 51, 77 | スカート ... 36, 37, 101 |
| グレープフルーツ ... 13 | サメ ... 26 | 図画工作 ... 61 |
| クレヨン ... 85 | サラダ ... 16, 91, 105 | スキー ... 33, 94 |
| クローゼット ... 55 | サル ... 21 | スケート ... 92, 94 |
| 黒 ... 8, 9, 101 | さわる ... 19 | すごく元気 ... 77 |
| | 3月 ... 44, 98 | すし ... 104 |
| **け** | 三角形 ... 42 | すずしい ... 51 |
| ケーキ ... 16 | 算数 ... 60, 97 | ステーキ ... 16 |
| けいさつ官 ... 67 | サンドイッチ ... 17, 105 | スパゲッティ ... 17 |
| けいさつしょ ... 62 | | ズボン ... 36, 101 |
| 消しゴム ... 84 | **し** | スミレ色 ... 9 |
| 月曜日 ... 34, 35, 96, 97 | 塩 ... 15 | すもう ... 95 |
| 元気 ... 77 | 4月 ... 44 | すわる ... 28 |
| 元気ではない ... 77 | | |

125

## せ

- セーター ……………………… 36, 37
- 正方形 ………………………………… 42
- 石けん ………………………………… 55
- せなか ………………………………… 18
- 先生 …………………………… 67, 69

## そ

- ゾウ …………………………………… 21
- ソファ ………………………………… 54
- ソフトボール ………………………… 94

## た

- 体育 …………………………… 61, 110
- 体育館 ………………………………… 59
- 台所 …………………………………… 55
- ダイニングルーム …………………… 54
- 高い …………………………………… 56
- タコ …………………………………… 27
- 立つ …………………………………… 28
- たっ球 ………………………………… 32
- タツノオトシゴ ……………………… 27
- たなばた祭り ………………………… 45
- たまご ………………………………… 15
- たまねぎ ……………………………… 14
- たんじょう日 ………………… 98, 99

## ち

- チーズ ………………………………… 14
- チーズバーガー ……………………… 103
- チーター ……………………………… 23
- 小さい ………………………… 56, 57
- 茶色 …………………………………… 9
- 中国 …………………………… 64, 119
- チョウ ………………………………… 24
- 長方形 ………………………………… 42
- 調理室 ………………………………… 59
- チョキ ………………………………… 80
- チンパンジー ………………………… 23

## つ

- つくえ ………………………………… 55
- つゆ …………………………………… 45

## て

- 手 ……………………………………… 18
- テーブル ……………………………… 54
- ティーシャツ ……………… 36, 37, 100, 101
- テニス ………………………… 31, 94
- テニス選手 …………………………… 67
- 手のひら ……………………………… 18
- デパート ……………………………… 63
- テレビ ………………………… 54, 113
- 天気 …………………………………… 51
- 電車 …………………………………… 88
- 電話 …………………………………… 54

## と

- ドーナツ ……………………………… 17
- ドイツ ………………………………… 64
- トイレ ……………………… 59, 79, 87
- とうふ ………………………………… 15
- 動物 …………………………………… 69
- トカゲ ………………………………… 25
- 図書館 ………………………………… 62
- 図書室 ………………………………… 59
- ドッジボール ………………… 31, 94
- 飛ぶ …………………………… 29, 92
- トマト ………………………………… 14
- 止まる ………………………………… 117
- 土曜日 ………………………………… 35
- ドラッグストア ……………………… 63
- とり肉 ………………………………… 15
- とる …………………………………… 29
- トレーナー …………………………… 79
- トンボ ………………………………… 25

## な

- 投げる ………………………………… 29
- 夏 ……………………………………… 47
- 夏休み ………………………………… 45
- 名前 …………………………………… 75
- なわとび ……………………………… 94

## に

- 2月 …………………………………… 44
- 肉 ……………………………………… 15
- 日曜日 ………………………………… 34
- 日本 …………………………… 64, 65
- 入学式 ………………………………… 44
- にんじん ……………………………… 89

## ね

- ネコ …………………………… 20, 88
- ネズミ色 ……………………………… 9

## の

- ノート ………………………………… 85
- のり …………………………………… 85

## は

- 歯 ……………………………………… 19
- パー …………………………………… 80
- ハート形 ……………………………… 43
- ハーモニカ …………………………… 95
- バイオリン …………………… 93, 95
- 歯医者 ………………………………… 68
- パイナップル ………………………… 13
- パイロット …………………………… 66
- 歯がいたい …………………………… 87
- 運ぶ …………………………………… 29
- 走る …………………………………… 28
- バスケットボール ……… 30, 94, 111
- バスタオル …………………………… 55
- バス停 ………………………………… 62
- パソコン室 …………………………… 59
- バター ………………………………… 14
- 8月 …………………………… 45, 99
- ハト …………………………………… 20
- バドミントン ………………… 31, 94
- 鼻 ……………………………………… 19
- 花 ……………………………………… 54
- バナナ ………………………………… 12
- ハムスター …………………………… 20
- 速い …………………………………… 57
- はら …………………………………… 18
- 春 ……………………………………… 47
- バレーボール ………………………… 32
- バレンタインデー …………………… 44
- ハロウィーン ………………………… 46
- パン …………………………… 16, 90
- パンダ ………………………… 23, 89, 119
- パン店 ………………………………… 62
- ハンドボール ………………………… 94
- ハンバーガー ………………… 17, 89

| ハンバーグ | 91 |
|---|---|

## ひ

| ピアノ | 92, 95 |
|---|---|
| 引く | 29 |
| 低い | 56 |
| 飛行機 | 89 |
| ひざ | 18 |
| ピザ | 17, 118 |
| ひし形 | 43 |
| 左の、左へ、左側の | 117 |
| ヒトデ | 26 |
| ひな祭り | 44 |
| 日の照っている、晴れわたった | 50 |
| 病院 | 63 |
| 美容師 | 68 |
| ピラミッド | 119 |
| 昼ごはん | 91, 109, 111 |
| ピンク色 | 8, 37, 100 |

## ふ

| プール | 58 |
|---|---|
| 深い | 57 |
| ブタ | 21 |
| ぶた肉 | 15 |
| 筆箱 | 85 |
| ブドウ | 13 |
| 冬 | 47 |
| フライドポテト | 79, 103 |
| フライパン | 55 |
| ブラジル | 65 |
| フラミンゴ | 22 |
| フランス | 64 |
| プリン | 17 |
| ふろ場 | 55 |

## へ

| ベッド | 55 |
|---|---|
| ヘビ | 25, 89 |
| ペンギン | 22 |
| 弁護士 | 66 |

## ほ

| ボールペン | 85 |
|---|---|
| 保育士 | 67 |
| 放課後 | 111 |

| 方向を変える | 117 |
|---|---|
| ぼうし | 36, 37, 100, 101 |
| 包丁 | 55 |
| ボウリング | 33 |
| ぼく | 52, 82 |
| 保健室 | 59, 87 |
| 星 | 43 |
| ボタン | 10 |
| ホチキス | 84, 85 |
| ホットドッグ | 17 |
| ホテル | 63 |

## ま

| まくら | 55 |
|---|---|
| マグロ | 26 |
| まっすぐ | 116, 117 |
| マラソン | 33 |
| 丸 | 42 |
| マンゴー | 12 |

## み

| 右の、右へ、右側の | 117 |
|---|---|
| 水色 | 9 |
| みそしる | 90 |
| 緑色 | 8, 37, 101 |
| 耳 | 19 |
| ミミズ | 24 |

## む

| むらさき色 | 9, 101 |
|---|---|

## め

| 目 | 19 |
|---|---|
| 目玉焼き | 90 |
| メロン | 12 |

## も

| 毛布 | 55 |
|---|---|
| 木曜日 | 35, 97 |
| モグラ | 20 |
| モモ | 12 |

## や

| やかん | 55 |
|---|---|
| 野球 | 30, 88 |
| 野菜 | 14 |

| やわらかい | 56 |
|---|---|

## ゆ

| 遊園地 | 115 |
|---|---|
| 夕ごはん | 91, 109 |
| ゆうびん局 | 62 |
| 雪の日 | 47 |
| 雪のふる、雪の多い | 50 |
| 指 | 18 |
| 湯船 | 55 |

## よ

| ヨーグルト | 90 |
|---|---|

## ら

| ラーメン | 104 |
|---|---|
| ライオン | 22 |
| ライト | 54 |

## り

| 理科 | 60 |
|---|---|
| 理科室 | 59 |
| リコーダー | 95 |
| リス | 21 |
| リモコン | 54 |
| 両親 | 53 |
| リンゴ | 12, 88 |
| リンゴジュース | 103 |

## れ

| 冷ぞう庫 | 55 |
|---|---|
| レストラン | 63 |

## ろ

| 6月 | 45, 99 |
|---|---|
| ロシア | 64 |

## わ

| わたし | 52, 82 |
|---|---|
| わたし（ぼく）の部屋 | 55 |
| ワンピース | 36 |

■監修
鴻巣彩子

津田塾大学卒業。東京学芸大学修士課程終了。高校教諭などを経て、東京都荒川区英語教育アドバイザーを務める。現在、小学校英語支援協会の理事であり、英語教育アドバイザー。公立小学校英語の授業、教員研修会講師などを行う。星槎大学非常勤講師。

■絵
福々ちえ

■カバー・本文デザイン
大崎善治

■CD制作協力　ELEC（英語教育協議会）
　日本語ナレーション　水月優希
　英語ナレーション　Carolyn Miller／Jack Merluzzi

■編集
　小学館クリエイティブ（遠藤野枝／尾和みゆき）

■企画・編集
　成美堂出版編集部（中村智哉／高橋　忍）

### CDつき 絵で学ぶ 小学生の英語レッスン
ABCから英会話まで

監　修　鴻巣彩子（こうのすあやこ）
発行者　深見公子
発行所　成美堂出版
　　　　〒162-8445　東京都新宿区新小川町1-7
　　　　電話(03)5206-8151　FAX(03)5206-8159
印　刷　共同印刷株式会社

©SEIBIDO SHUPPAN 2010　PRINTED IN JAPAN
ISBN978-4-415-30817-3

落丁・乱丁などの不良本はお取り替えします
定価はカバーに表示してあります

・本書および本書の付属物を無断で複写、複製（コピー）、引用することは著作権法上での例外を除き禁じられています。また代行業者等の第三者に依頼してスキャンやデジタル化することは、たとえ個人や家庭内の利用であっても一切認められておりません。